BIBLIOTHÈQUE CHARTRAINE

Poètes Beaucerons

ANTÉRIEURS AU XIXe SIÈCLE

NOTICES

PAR

Lucien MERLET

Membre correspondant de l'Institut

—

TOME PREMIER

A CHARTRES

DE L'IMPRIMERIE DURAND

RUE FULBERT

—

1894

Poètes Beaucerons

BIBLIOTHÈQUE CHARTRAINE

Poètes Beaucerons

ANTÉRIEURS AU XIXᵉ SIÈCLE

NOTICES

PAR

Lucien MERLET

Membre correspondant de l'Institut

TOME PREMIER

A CHARTRES

DE L'IMPRIMERIE DURAND

RUE FULBERT

1894

AVANT-PROPOS

Le Beauceron est poète : — le mot est ambitieux, l'assertion bien hardie ; peut-être même dira-t-on qu'elle frise le paradoxe et quelque peu la raillerie. Il n'en est rien pourtant, et nous maintenons notre dire. Sans doute nos patients agriculteurs, nos opulents fariniers semblent bien plutôt faits pour supputer des chiffres que pour aligner des rimes ; et dans leur vie toute positive, dans leur conversation toute hérissée de calculs, il est impossible de retrouver l'allure du poète, dégagée avant tout des soucis de la vie matérielle. Mais prenez ces hommes avant que le besoin de gagner à tout prix l'aisance ou la fortune se soit fait impérieusement sentir, ou lorsque, ayant atteint le but de leurs désirs, ils se reposent de leurs labeurs passés, et chez presque tous vous retrouverez la fibre poétique, bien inculte, il est vrai, mais qui aurait pu se développer dans une atmosphère moins étouffante que celle des sacs de blé ou d'argent. L'expérience de six siècles est là pour prouver notre aphorisme : *le Beauceron est poète ;* et Desportes, et Régnier, et Pannard, et Colardeau, et cent autres témoignent du génie particulier de la Beauce.

Rien cependant ne semble moins poétique que notre riche contrée, et, sauf la blonde Cérès, on se demande quel autre dieu peut inspirer la verve beauceronne. Cette anomalie a frappé plus d'une fois ceux qui s'occupaient de l'histoire de nos poètes, et ils ont tenté de l'expliquer en disant que c'était précisément l'aridité de la nature qui excitait les Beaucerons à célébrer ce qu'ils ne possédaient pas, suivant le proverbe qui dit que l'on désire ce que l'on ne peut avoir. Pour nous, nous l'avouons, nous trouvons cette explication peu digne de la sainte poésie ; c'est singulièrement la ravaler que de la faire dépendre d'une triviale envie. Non, non : le Beauceron est poète, parce que la poésie existe partout pour qui la possède en son cœur, aussi bien dans les plaines dorées de nos campagnes que sur les coteaux boisés de nos voisins les Percherons : pour qui sait la trouver,

Dieu a mis la poésie dans le modeste brin d'herbe comme dans le géant altier des forêts.

Ne cherchons donc point à expliquer d'où provient ce don précieux ; bornons-nous à constater qu'il existe, et pour le prouver, racontons en quelques mots la vie de ceux dont nous connaissons les œuvres poétiques. Peut-être, en relisant ces chants, quelques-uns d'entre nous sentiront-ils tout à coup renaître en eux le feu divin étouffé sous les préoccupations de la vie, et s'écrieront-ils à leur tour : Et moi aussi, je suis poète.

8 septembre 1857.

Les notices qui vont suivre ont paru successivement dans le *Beauceron,* l'un des almanachs les plus répandus du département d'Eure-et-Loir. Mais, quelque répandu que soit un almanach, on sait que son existence est annuelle : pendant l'année de son apparition, on se le passe de main en main, on le lit et on le relit, puis son successeur arrive, et l'ancien *Beauceron* est rejeté sans pitié et ne tarde pas à disparaître : on est tout à l'actualité et on a bien vite oublié les articles d'antan.

Cependant, j'avais mis une certaine coquetterie à écrire ces notices, que je n'avais consenti à confier à l'almanach que sur la prière formelle de l'éditeur, M. Félix Durand. Je n'avais voulu dire que du nouveau, autant que possible, et j'avais eu la bonne fortune de rencontrer chez d'ardents bibliophiles de notre ville des documents originaux qui m'avaient permis de donner sur quelques-uns de nos poètes des renseignements absolument inédits. Plus d'une fois j'avais regretté de voir ainsi perdus encore une fois des détails que j'avais pu pour un moment tirer de l'oubli.

Un beau jour, un de nos imprimeurs les plus actifs et les plus intelligents vint me demander si je consentirais à ce qu'il fît un volume de ces notices égarées depuis si longtemps. J'acceptai sans hésiter cette proposition, car il me semblait que ces rapides biographies, composées presque entièrement d'éléments nouveaux, devraient intéresser non seulement les Beaucerons, mais tous les amis de notre littérature française.

C'est ainsi qu'est né ce volume : puisse-t-il amuser le lecteur autant qu'il a amusé celui qui l'a écrit !

Chartres, 9 janvier 1894.

I

MATHURIN RÉGNIER

1573-1613

MATHURIN RÉGNIER

Le 22 décembre 1573, dans l'église Saint-Saturnin de Chartres, la mère d'un des plus illustres poètes de cette époque vint présenter sur les fonds de baptême un de ses petits-fils pour lequel elle demanda peut-être au Seigneur le même don de poésie qui avait conduit Philippe Desportes à la fortune aussi bien qu'à la gloire. Si tel fut son vœu, il fut amplement exaucé, car cet enfant était Mathurin Régnier, dont le nom est encore célèbre aujourd'hui, tandis que celui de son oncle tombe chaque jour davantage dans l'oubli. Mathurin était le fils aîné d'honorable homme Jacques Régnier et de Simonne Desportes, sa femme, la propre sœur du poète, fille comme lui de Marie Édeline, marraine du nouveau-né.

Jacques Régnier était d'une des bonnes familles bourgeoises de la ville de Chartres, et son mariage

avec Simonne avait dû accroître son aisance. Aussi,
l'année même de son mariage (1573), fit-il construire
près de sa maison de la place des Halles un jeu de
paume ou tripot, comme on appelait alors ces établis-
sements [1]. En 1582, grâce à son beau-frère Philippe
Desportes, abbé de Josaphat, Jacques devint fermier
de cette abbaye, et il garda cette charge jusqu'en 1591,
où l'arrivée de Henri IV vint le déposséder violem-
ment de ces fonctions. Jacques en effet, comme Desportes lui-même, s'était jeté dans le parti de la Ligue,
et le roi vainqueur, pour punir les *rebelles,* ainsi qu'il
les nommait à bon droit, imposa sur l'abbaye une
somme de 1,600 écus que Jacques Régnier fut chargé
de payer. C'était beaucoup demander à la fois. En vain
Jacques réclama un sursis ; les ordres du roi étaient
formels, et les commissaires au recouvrement de ces
impôts le firent jeter en prison jusqu'à ce qu'il se fût
exécuté. Régnier alors adressa à Henri IV, du fond de

1. Ce tripot fut longtemps célèbre sous le nom de *Tripot des
Halles* ou *Tripot Régnier.* On rapporte que, le samedi 12 septembre
1611, le roi Louis XIII, étant venu à Chartres, alla l'après-dîner jouer
au Tripot Régnier, près des portes de la ville, et ayant entendu parler
d'une femme nommée la Mannie qui jouait fort bien à la paume, il
voulut faire une partie avec elle. Cette femme, sans se faire prier, mit
un caleçon et des escarpins, joua seulement par-dessous la jambe, et
gagna Sa Majesté.

sa prison, une supplique si éloquente, que ce prince, faisant droit à sa requête, ordonna sa délivrance, par lettres datées de Chartres, le 23 septembre 1591.

Comme on le voit par ce récit, Jacques Régnier était assez bien pourvu du côté de la fortune, et il ne dut rien négliger pour l'éducation de son fils. Sur cet enfant d'ailleurs reposaient déjà de hautes ambitions : il se trouvait l'héritier naturel de son oncle, Me Philippe Desportes, abbé de Tiron, de Bonport, de Josaphat et des Vaux de Cernay, toutes abbayes des plus considérables de France, dont quelques-unes au moins pourraient un jour faire retour au jeune Régnier s'il savait s'en rendre digne. De bonne heure donc on voulut préparer l'enfant au sort brillant qui l'attendait, et il profita si bien des leçons qu'on lui donnait que, le 31 mars 1584, à peine âgé de onze ans, il fut tonsuré de la main de Nicolas de Thou, évêque de Chartres.

Mathurin, il est vrai, n'annonçait pas un goût bien prononcé pour l'état ecclésiastique ; il aimait mieux lire Ovide ou Juvénal que saint Augustin ou saint Jérôme ; il lui plaisait plus de composer des vers que d'écrire des homélies : mais sa mère, fière de la célébrité de son frère Philippe, applaudissait aux dispositions précoces de son enfant. Desportes lui-même prenait plaisir à en-

courager le génie naissant de Mathurin, dont les imitations lui semblaient le plus bel hommage rendu à son
talent : aussi dès-lors se forma entre l'oncle et le neveu
une amitié qui jamais ne s'altéra par la suite. Quant à
Jacques, occupé de ses plaisirs et un peu aussi des affaires politiques[1], il ne s'inquiétait guère de développer
en son fils l'esprit ecclésiastique : du reste on n'avait
pas besoin de piété alors pour faire un abbé fort passable ;
et Jacques n'était pas fâché de trouver dans son fils une
humeur bouffonné et caustique[2], qui l'égayait aux dépens de ses voisins, quand il n'était pas au Tripot ou
à la Maison de Ville.

Tout alla donc pour le mieux pendant quelques années : chacun applaudissait aux premières inspirations
du jeune poète ; et lui, se livrant sans réserve à son

---

1. Jacques était échevin de la ville de Chartres lorsqu'il mourut
à Paris le 14 février 1597 ; il fut enterré dans l'église Saint-Hilaire
de Chartres. Simonne Desportes mourut le 20 septembre 1629, et
fut enterrée à Saint-Saturnin.

2. Régnier était célèbre par ses bons mots : on en voit une
preuve naïve dans ce sixain gravé sous le portrait de Gros-Guil-
laume, acteur de la Comédie Italienne à cette époque :

> Tel est dans l'hôtel de Bourgoigne
> Gros-Guillaume avec sa troigne,
> Enfariné comme un meunier.
> Son minois et sa rhétorique
> Valent les bons mots de Reignier
> Contre l'humeur mélancolique.

amour pour la poésie et le plaisir, compromettait à la fois et sa santé et ses bénéfices futurs; on comprit enfin qu'il était temps de l'arrêter. Sa conduite licencieuse était indigne, non seulement d'un ecclésiastique, mais même d'un homme de bonne compagnie; il fallait absolument l'éloigner pour donner le temps d'oublier ses fautes de jeunesse. Desportes fut aussi de cet avis : il trouvait que son neveu allait trop loin ; qu'il composât des vers, rien de mieux, c'était le moyen de gagner dix mille écus de rente; mais qu'il se perdît dans de mauvais lieux, c'est ce qu'il fallait empêcher. François de Joyeuse, cardinal-archevêque de Toulouse, partait alors pour Rome ; Desportes obtint facilement de lui qu'il se chargeât de son jeune parent ; et voilà Régnier, à l'âge de vingt ans, parti pour l'Italie à la suite d'un protecteur inconnu. Le voyage ne lui déplaisait pas trop : voir un pays nouveau, et l'Italie, c'était une bonne fortune pour le poète.

> *C'est donc pourquoy si jeune, abandonnant la France,*
> *Il va vif de courage et tout chaud d'espérance*
> *En la cour d'un prélat, qu'après mille dangers*
> *Il suivit courtisan aux pais estrangers.*

Mais, hélas! le métier de courtisan n'est souvent rien moins qu'agréable ; et il ne devait surtout pas plaire

beaucoup à l'esprit indépendant du jeune Mathurin :
aussi il faut voir la description qu'il nous en fait :

> *J'ay changé mon humeur, altéré ma nature ;*
> *J'ay beu chaud, mangé froid, j'ay couché sur la dure*
> *Je l'ay, sans le quitter, à toute heure suivy ;*
> *Donnant ma liberté, je me suis asservy.*

Et le plus triste de tout cela, c'est qu'il ne recueil-
lait aucun fruit de ses peines : il est permis de croire
qu'il usait encore trop de sa liberté. En vain quitta-t-il
le cardinal de Joyeuse pour Philippe de Béthune, baron
de Charost, nommé ambassadeur en 1601 ; il ne fut pas
plus heureux sous ce nouveau maitre, comme il nous
l'apprend lui-même :

> *Je me dois jusqu'au bout d'espérance repaître,*
> *Courtisan morfondu, frénétique et resveur,*
> *Portrait de la disgrâce et de la défaveur :*
> *Puis, sans avoir de bien, troublé de resverie,*
> *Mourir dessus un coffre en une hostellerie,*
> *N'ayant d'autre intérêt de dix ans jà passés*
> *Sinon que sans regret je les ay dépensés.*

Cependant Régnier n'avait pas perdu tout à fait son
temps en Italie : il avait développé son talent, et avait
déjà révélé ce qu'il pouvait faire, dans une satire adres-

sée à Philippe de Béthune, et qui est aujourd'hui la vi[e] de son Recueil. Il avait aussi étudié les maîtres italiens, Stefano Guazzo, Caporali, le Masso, etc., qu'il imita dans la suite. Mais il en avait assez de l'Italie ; il ressentait déjà les atteintes de la maladie qui devait dix ans plus tard le conduire au tombeau ; il résolut donc de revenir en France.

Il retrouva encore son oncle Desportes, chansonnant toujours, non plus des chansons de table comme au temps de sa jeunesse, mais des hymnes sacrées ; et le vieillard accueillit avec joie son neveu dont il savait apprécier le talent. C'est dans la maison de Desportes que vivait Régnier le plus habituellement ; c'est là qu'il se lia avec les hommes les plus éminents de l'époque : Malherbe, Racan, Rapin, etc. Il était de mœurs aimables et douces, tellement qu'on l'avait surnommé le *Bon,*

> *Et le surnom de Bon me va-t-on reprochant,*
> *D'autant que je n'ai pas l'esprit d'être méchant.*

Mais il ne fallait pas qu'on attaquât son oncle ; car il embrassait ardemment toutes ses querelles. Ainsi Racan nous rapporte qu'un jour Malherbe, avec lequel Régnier était fort lié, étant venu dîner chez Desportes, celui-ci, qui était déjà à table, se leva pour le recevoir

avec civilité, et, par un amour irréfléchi d'auteur, pro-
posa à son nouveau convive d'aller lui chercher un
exemplaire de ses Pseaumes qu'il venait de terminer.
« Dinons toujours, lui répondit Malherbe, votre potage
vaut mieux que vos Pseaumes. » Régnier ne pardonna
pas cette injure, et peu après il adressa à Rapin sa satire
IX, où il maltraite si fort le réformateur du Parnasse,
qui ose critiquer un homme à qui ses vers ont valu *dix
mille écus de rente.*

Ce n'est pas d'ailleurs dans cette satire seulement
que Régnier témoigne son admiration pour Desportes :
chaque fois qu'il en trouve l'occasion, il cite des vers
de son oncle. Ainsi, satires XIII et XIV :

> .... *à la fin on verra,*
> *Rozette, le premier qui s'en repentira.*

Dans la satire X, il nous rappelle aussi une des plus
jolies chansonnettes de Desportes :

> *O nuit, jalouse nuit, contre moi conjurée,*
> *T'ai-je donc aujourd'hui tant de fois désirée*
> *Pour être si contraire à ma félicité.*

Malheureusement pour Régnier, son oncle mourut
bientôt en 1606 ; et du riche héritage de l'abbé de Tiron, notre poéte ne recueillit qu'une pension de 2,000

livres que Henri IV lui donna sur l'abbaye des Vaux de Cernay[1]. Trois ans après, le 30 juillet 1609[2], Régnier fut pourvu d'un canonicat de la cathédrale de Chartres.

Plusieurs auteurs ont pensé qu'il devait être alors entré dans les ordres sacrés, pour avoir obtenu cette faveur ; nous ne sommes pas de cet avis : il n'était nullement besoin d'être dans les ordres majeurs pour être revêtu d'un canonicat. A Chartres, comme dans toutes les autres cathédrales, il y avait un certain nombre de chanoines clercs, ou chanoines *in minoribus,* ou chanoines *selletiers,* comme on les appelait indifféremment. Ce dernier nom leur venait de ce qu'ils ne pouvaient siéger dans les stalles, mais seulement sur les sellettes comme les enfants de chœur. Ils étaient privés d'une grande partie des revenus des canonicats et ne devaient même point porter l'aumusse (règlement de 1305). Un

1. Régnier n'avait possédé jusque-là que le petit prieuré de Bouzancourt, près Corbie, dont il avait été pourvu en 1593, lors de son départ pour l'Italie à la suite du cardinal de Joyeuse.

2. Tous les auteurs ont daté le canonicat de Régnier de l'année 1604, mais c'est une erreur : on lit en effet dans le registre des Professions de foi des chanoines de Chartres, conservé aux Archives du département d'Eure-et-Loir : « Moi, Mathurin Rénier, chanoine de Chartres, je jure et professe tout ce qui est contenu dans la profession de foi de l'église de Chartres. Fait à Chartres, l'année du Seigneur, le 30 juillet 1609. » *Signé* « M. Renier. »

autre règlement de 1327 nous apprend qu'un chanoine *in minoribus* peut posséder une prébende, mais sans y rendre la justice et sans publier le ban de vendange.

Régnier ne tirait donc pas grand fruit de son canonicat, et les faveurs qu'il venait d'obtenir étaient loin de lui donner l'opulence de son oncle.

Il ne devait pas d'ailleurs jouir longtemps de ses bénéfices. Malade, comme nous l'avons vu, depuis quelques années, il était allé à Royaumont, près Paris, chez Philippe Hurault, évêque de Chartres, pour tâcher de rétablir sa santé à l'air pur de la campagne. Bientôt il s'y ennuya tellement au milieu des ecclésiastiques qui l'habitaient qu'il en partit pour faire un voyage afin de se distraire,

> *Et sans parler curé, doyen, chantre, ou Sorbonne,*
> *D'un bon mot faire rire, en si belle saison,*
> *Et les chiens, et les chats, et toute la maison.*

Il s'arrêta à Rouen, à l'hôtellerie de l'Ecu-de-France, où il mourut le 22 octobre 1613, dans sa quarantième année. Ses entrailles furent déposées dans l'église de Sainte-Marie de Rouen, et son corps, enfermé dans un cercueil de plomb, fut transporté, ainsi qu'il en avait témoigné le désir, dans l'abbaye de Royaumont.

Telle fut la vie de Mathurin Régnier, le meilleur,

sinon le plus connu de nos poëtes satiriques. Il eut la gloire de fonder chez nous ce genre de poésie[1], et de prime abord il le porta à une perfection qu'on n'a jamais atteinte depuis. Quelques personnes, il est vrai, lui préfèrent Boileau ; mais, comme l'a fort bien dit Tissot, « La lecture de Régnier peut seule faire comprendre ce qui manquait à Boileau, c'est-à-dire la soudaineté, l'abandon et cet élan de poëte qui s'élève tout à coup comme un aigle, que nous voyons, quittant la terre, monter d'un seul essor vers les hauteurs du ciel par la vigueur de sa nature et l'impulsion de son audace. »

Le principal reproche qu'on a fait à Régnier est la licence de ses expressions ; mais le genre de poésie par lui adopté, la satire, amenait fatalement à l'obscénité ; le public était persuadé que le style de ces ouvrages devait être conforme au langage supposé des *Satyres,* divinités lascives des Grecs. Puis ce défaut était celui du siècle : la langue française n'était pas alors aussi sévère qu'elle l'est aujourd'hui. Du reste, la satire XI, celle qu'on a le plus vivement attaquée,

1. On a souvent considéré comme le créateur de la satire Vauquelin, né en 1556 à la Fresnaye, près Falaise, et dont les ouvrages furent imprimés à Caen, en 1612. Mais ce sont plutôt des épîtres que des satires ; la raison éclairée et la douceur brillent dans ses poésies plus que la malice et la colère.

et à bon droit, il faut l'avouer, renferme cette saine morale qui ferait pardonner bien des écarts :

> *A ce piteux spectacle, il faut dire le vray,*
> *J'eus une telle horreur que tant que je vivray*
> *Je croiray qu'il n'est rien au monde qui garisse*
> *Un homme vicieux comme son propre vice.*

D'ailleurs, toutes ses satires ne présentent pas ce mélange d'expressions grossières, et celle de Macette (Sat. xii) qui a fourni à Molière son personnage de Tartuffe ; — sa Fable du Loup, du Mulet et de la Lionne (Sat. iii), imitée par La Fontaine dans celle du Cheval et du Loup (Liv. v, Fable 8) ; — son portrait du Pédant et son récit du Repas ridicule (Sat. x), reproduits par Boileau dans sa troisième Satire, sont des modèles du genre que ses imitateurs n'ont pu guère embellir. Tout le monde connaît quelques-uns de ses vers qui sont restés proverbes :

> *N'en desplaise aux Docteurs, Cordeliers, Jacobins,*
> *Pardieu, les plus grands clercs ne sont pas les plus fins.*
>
> (Sat. iii.)

> *Je diray librement, pour finir en deux mots,*
> *Que la plupart des gens sont habillez en sots.*
>
> (Sat. iv.)

Vers la fin de sa vie, dans les souffrances de la maladie, Régnier s'amenda [1] ; ce qui nous a valu quelques stances fort belles où le poëte fait retour vers le Seigneur :

La douleur aux traits vénéneux,
Comme d'un habit épineux
Me ceint d'une horrible torture.
Mes beaux jours sont changés en nuits,
Et mon cœur tout flétri d'ennuis
N'attend plus que la sépulture.

Qu'est-ce de moy ! foible est ma main,
Mon courage, hélas ! est humain,
Je ne suis de fer ny de pierre.
En mes maux montre-toy plus doux,
Seigneur ; aux traits de ton courroux
Je suis plus fragile que verre.

Je ne suis à tes yeux, sinon
Qu'un festu sans force et sans nom,
Qu'un hibou qui n'ose paroistre,
Qu'un fantosme ici-bas errant,
Qu'une orde escume de torrent
Qui semble fondre avant que naistre.

1. Le sieur Desternod disait à ce sujet dans l'Espadon satirique.
Que Cygoignes, Regnier et l'abbé de Thiron
Firent à leur trépas comme le bon larron :
Ils se sont repentis, ne pouvant plus mal faire.

Le soleil fléchit devant toy ;
De toy les astres prennent loy ;
Tout fait joug dessous ta parole ;
Et cependant tu vas dardant
Dessus moy ton courroux ardent,
Qui ne suis qu'un bourrier qui vole.

Quelque temps avant sa mort, Régnier avait composé lui-même son épitaphe, qui peint bien la nature de son esprit :

J'ay vescu sans nul pensement,
Me laissant aller doucement
A la bonne loy naturelle ;
Et je m'estonne fort pour quoy
La mort osa songer à moy
Qui ne songeay jamais à elle.

Aujourd'hui la ville de Chartres montre encore avec orgueil la maison où naquit Mathurin Régnier ; et son propriétaire, M. Isid. Prévosteau, y a fait placer une plaque en marbre avec cette inscription :

ICI NAQUIT MATHURIN RÉGNIER.

Les œuvres de Régnier furent souvent imprimées : nous en connaissons jusqu'à 36 éditions ; nous ne citerons que les principales : *Œuvres.* Paris, 1608, in-4 ;

Satyres et autres œuvres. Leyde, Elzevier, 1642, in-12 ;
— *Œuvres.* Paris, Guill. de Luynes, 1661, in-12 ; —
Satyres et autres œuvres, avec les remarques (de Brossette).
Amsterdam, Humbert, 1730, in-4 ; — *Satyres et autres
œuvres, accompagnées de remarques historiques* (par Brossette), *nouvelle édition considérablement augmentée* (par
Lenglet-Dufresnoy). Londres, Jacob Tonson, 1733,
in-4 ; — *Œuvres complètes, nouvelle édition, avec le com-
mentaire de Brossette, publié en* 1729. Paris, E.-A.
Lequien, 1822, in-8 ; — *Œuvres complètes, avec les
commentaires revus et corrigés, précédés de l'histoire de
la satyre en France pour servir de discours préliminaire
par Viollet-Leduc.* Paris, Th. Desoer, 1822, in-18.

22 Août 1857.

Depuis la publication de cette notice, on a fait paraître les éditions suivantes, qui ont plus ou moins em-
prunté à notre récit :

*Œuvres complètes, nouvelle édition, avec le commen-
taire de Brossette publié en* 1829, *des notes littéraires et
une étude biographique et littéraire par Prosper Poitevin.*
Paris, Ad. Delahays, 1860, in-16 ; — *Œuvres, augmen-*

*tées de trente-deux pièces inédites, avec des notes et une in-
troduction par Ed. de Barthélemy.* Paris, Poulet-Malassis,
1862, in-18 ; — *Œuvres complètes, revues sur les éditions
originales, avec préface, notes et glossaire par Pierre Jannet.*
Paris, Picard, 1867, in-32 ; — *Œuvres. Texte original,
avec notice, variantes et glossaire, par E. Courbet.* Paris,
Lemerre, 1869, in-12.

II

GUILLAUME DE MESLAY

Vers 1250

GUILLAUME DE MESLAY

Petit livret, va-t-en à l'adventure,
Portant au front le nom que t'ay donné ;
Et ne crains rien, car j'ay eu bon augure
De voir ton loz par gausseurs entonné.
Mais si quelqu'un, de rage forcené,
Voulait sur toy vomir sa mesdisance,
Le reprenant de son outrecuidance,
Fuy loing de luy, à fin qu'il ne te grippe :
Et s'il voulait te faire violence,
Rechasse-le du baston d'Aristippe.

C'est par ce charmant *envoi au lecteur* que M. Aubry
commence un petit volume qu'il a fait paraître dans son
Trésor des pièces rares ou inédites [1], petit volume fort

1. Chansons et Saluts d'amour de Guillaume de Ferrière, dit le
Vidame de Chartres, la plupart inédits, réunis pour la première fois
et précédés d'une notice sur l'auteur, par Louis Lacour. — *Paris,*
Aug. Aubry, MDCCCLVI.

intéressant pour tous les amateurs de notre ancienne poésie, mais surtout précieux pour nous autres Chartrains, à qui il révèle un de nos compatriotes non moins digne de célébrité que le châtelain de Coucy ou le comte de Champagne.

C'est donc une bonne fortune pour nous que la publication de ce livre; mais malgré le bâton d'Aristippe dont on nous menace, nous nous permettrons quelques observations, afin qu'en lisant les vers du Vidame de Chartres, on ne fasse pas comme l'éditeur, M. Louis Lacour, qui nous semble avoir paré le geai des plumes du paon.

Dans ces temps reculés (les poésies du Vidame de Chartres sont certainement du XIIIe siècle), on n'avait pas coutume, et pour cause, d'user et d'abuser comme aujourd'hui de la réclame; on ne mettait pas en gros caractères son nom sur la plus mince production; on n'écrivait pas pour écrire et pour faire parler de soi : non, le poète chantait parce qu'il avait besoin de chanter, comme le rossignol ou la fauvette de nos bois; peu lui importait qu'on répétât son nom; une fois ses vers composés, il les disait à des amis, et ne s'occupait nullement de les transcrire; et n'eussent été ces amis complaisants, il ne nous serait rien resté de nos anciens trouvères et troubadours. Ces amis, eux non plus, ne songeaient pas toujours à la postérité ; ils se servaient, pour désigner l'auteur de ces chansons, du nom sous lequel il était connu alors, ne se doutant guère que, quelques siècles plus tard, viendraient des curieux qui seraient fort embarrassés pour retrouver le vrai nom du poète qu'ils chérissaient.

Tout cela est pour expliquer comment il se fait que nos poésies, qui certainement sont l'œuvre d'un vi-dame de Chartres, ont été successivement attribuées à cinq ou six auteurs différents. La plus ancienne ver-sion est celle qui leur donne pour père un membre de la famille de Vendôme, Mathieu de Vendôme, suivant quelques-uns. Malheureusement il n'a jamais existé de Mathieu de Vendôme vidame de Chartres ; la famille de Vendôme n'est entrée en possession du vidamé qu'à la fin du XIVe siècle, et nos chansons sont fort antérieures : passons donc condamnation.

D'autres ont pensé que notre poète pouvait bien être Mathieu ou Macé de Meslay, vidame vers 1245 et mort en 1295. Nous aurions volontiers été de cet avis, pour diverses raisons que l'on verra tout à l'heure ; mais Mathieu n'a jamais été à la croisade, et, dans ses premiers chants, notre vidame semble rappeler son voyage à la Terre-Sainte.

Enfin M. Louis Lacour recule encore d'un demi-siècle l'âge de nos poésies et les attribue à Guillaume de Ferrières (et non Ferrière), qui vivait vers 1204 (c'est l'époque la plus rapprochée de nous qu'on puisse lui assigner avec certitude). Cette haute antiquité nous paraît un peu ambitieuse : nous avouons en toute humilité qu'en fait de vieux langage nous ne sommes pas passé maître comme M. Paulin Pâris dont M. Lacour invoque la savante autorité, mais le peu que nous avons vu de français ou de *roman* de cette époque nous permet de déclarer Guillaume de Ferrières bien avancé pour le temps où il vivait. L'espace d'un demi-siècle est énorme pour une langue qui se forme, et ce que nous trouvons tout à fait conforme au style de 1250 peut nous sembler trop parfait pour un demi-siècle auparavant.

Mais si nous n'avions eu que cette preuve, nous n'aurions pas osé protester contre ce nom de Guillaume de Ferrières, et nous aurions sagement conservé à part nous tous nos doutes. Aujourd'hui nous ne doutons plus, nous avons une certitude, et nous allons tâcher de l'expliquer.

A ces époques où l'on ne savait pas signer son nom, où les plus grands seigneurs ne légalisaient leurs actes que par une croix tracée d'une main inhabile, on avait cependant un moyen de se faire reconnaître : c'était les armoiries, dont le langage, sérieux alors, désignait à tous d'une manière certaine et la famille et l'individu auquel appartenait la pièce anonyme que l'on venait à rencontrer. Or, en tête d'un des manuscrits des poésies du Vidame de Chartres, se retrouve un de ces emblèmes parlants. Sur le bouclier du chevalier est représenté un écu *au champ d'or, à l'orle de merlettes de même*. Ce sont là, on les connaît parfaitement, les armes des Meslay, famille essentiellement chartraine qui pendant deux siècles posséda le vidamé. Nous avons vu aux Archives d'Eure-et-Loir un sceau de Mathieu de Meslay, en 1291, exactement semblable à ces armoiries. Nous y avons vu aussi un sceau de Guillaume de Ferrières qui, lui, porte sur son écu *une bande et trois besants*. Nous avons été plus loin, nous avons voulu nous convaincre que c'était bien là les véritables armes de la famille de Ferrières, et nous avons fini par découvrir un autre sceau d'un Jean de Ferrières, vivant en 1245, qui porte les mêmes armes que Guillaume.

Indépendamment du style, la question est donc nettement tranchée : notre poète est de la maison de Meslay, et nullement de celle de Ferrières. Il est vrai que M. Louis Lacour a prévu cette objection, et y a répondu à l'avance d'une manière fort ingénieuse, mais malheureusement inadmissible. Il veut que les Meslay

n'aient possédé leurs armes parlantes (des merlettes)
que par héritage de la famille de Ferrières, dont une des
filles les aurait transmises avec le vidamé à Guillaume
de Meslay. Il y a là, en quelques lignes, bien des erreurs de généalogie, mais nous ne voulons pas entrer
dans ces détails : qu'il nous suffise de rappeler les armes
de Ferrières que nous venons de décrire, et de dire en
outre que, dès le XIIᵉ siècle, Ursion et Nivelon de Meslay, seigneurs de Fréteval, portaient déjà des merlettes
sur leurs écus.

Assez de polémique, ce semble, à ce sujet. Pour
qui aura eu le courage de suivre attentivement nos
raisons, le doute n'est plus permis, notre vidame est
un Meslay. Mais lequel ? D'abord ce doit être un aîné,
car il n'a pas de barre de cadet ; nous savons déjà qu'il
appartient au XIIIᵉ siècle ; il nous apprend dans ses vers
qu'il a fait le pèlerinage de la Terre-Sainte : tous ces
renseignements ne peuvent convenir qu'à un seul et
même individu, Guillaume de Meslay, fils aîné de
Geoffroy, vidame en 1207 par son mariage avec Hélis-
sende, dame de Tachainville, sœur de Guillaume de
Ferrières, le poète de M. Lacour.

Nous ne savons pas grands détails, il faut l'avouer,
de la vie de Guillaume de Meslay ; mais les chartes nous
apprennent qu'il fut un des compagnons de saint Louis

dans sa première croisade. Il retrouva sur la terre d'É-
gypte un de ses compatriotes dont le nom est resté plus
populaire que le sien ; nous voulons parler de Guillaume de Chartres, chapelain et historien de Louis IX,
et avec lequel notre vidame a quelquefois été confondu.
Sans doute ils durent plus d'une fois s'entretenir de
cette *tant douce contrée,* comme Guillaume de Meslay
appelle son cher Pays Chartrain, et ils s'entr'aidèrent à
supporter patiemment les douleurs de la captivité sur
les bords du Nil et les fatigues de l'exil en Palestine.

Quelques auteurs ont fait mourir Guillaume de Meslay pendant la croisade ; ce qui nous avait d'abord
effrayé, car alors comment expliquer cette première
chanson où il nous parle de son voyage de la Terre-
Sainte :

> *Combien que j'aie demouré*
> *Hors de ma douce contrée,*
> *Et maint grant travail enduré*
> *En terre maleurée !*

Heureusement nous avons trouvé une pièce qui
nous a tiré d'embarras : c'est un accord de 1252 entre
Guillaume et son frère Mathieu. Il paraît que celui-ci
avait cru, comme nous un instant, que son frère était
mort dans le voyage ; et il s'était empressé, non sans

douleur assurément, de se faire recevoir en foi, pour tout
le vidamé, par Aubry le Cornu, évêque de Chartres :
mais Guillaume revint sain et sauf ; il réclama sa part
dans l'héritage de sa mère morte pendant son absence,
et malgré l'opposition de Mathieu, il eut gain de cause
et fut admis au partage du vidamé : c'est ce que constate
l'accord dont nous avons parlé. Nous ne savons l'époque
de la mort de Guillaume ; mais nous voyons que de
sa femme Jeanne il avait laissé un fils, nommé Guillaume comme lui, et qui vivait encore en 1321, époque
à laquelle il fait hommage à l'évêque de Chartres pour
le vidamé de Chartres et les seigneuries de Meslay et
de Tréon.

Ce point de critique entièrement vidé, hâtons-nous
de dire combien nous avons été heureux de lire et de
relire les vers pleins de charme du Vidame de Chartres,
et combien nous sommes fiers de compter parmi les
nôtres un des trouvères les plus remarquables du XIIIe
siècle. Nul doute qu'à l'avenir Guillaume de Meslay ne
prenne place immédiatement à côté du châtelain de
Coucy et de Thibaud de Champagne dont il fut peut-
être le joyeux compère ; et, en vérité, en parcourant
ses vers, nous sommes heureux de n'avoir pas à jeter
sur lui le reproche de lâcheté que M. Lacour prodigue à
bon droit à Guillaume de Ferrières : il nous en coûterait

trop de mépriser celui que ses chants nous apprennent à aimer.

Nous l'avons étudié attentivement ; rien dans ses vers n'a pu nous faire suspecter sa bravoure et sa loyauté : pour si bien dire, il fallait bien penser. L'amour d'ailleurs qui respire dans ses chants ne tombe point dans les âmes vulgaires : l'amour, comme la poésie, est le don des grands cœurs, et jamais, quant à nous, nous n'accuserons de lâcheté celui qui est capable d'aimer...

Le style de Guillaume de Meslay est malheureusement souvent incompréhensible pour ceux qui ne se sont pas occupés de l'étude du vieux français ; mais certaines expressions sont à la portée de tous, et, en lisant ses *Saluts d'amour,* on retiendra certains vers qui ont une saveur de naïveté qu'on ne rencontre que chez nos anciens auteurs. Aussi, comme il le dit en terminant, ces chants demeureront et seront classés parmi les meilleurs des créateurs de notre poésie.

Une chose sachent bien mesdisant :
Je ne sui pas cil qui amours confont ;
Ains en ai plus lo cuer beau et joiant,
Quant me souvient des grans biens qu'en li sont.
Chançon, va-t-en à la meillor du mont,
Et se li di que par toi li mant,
Qu'elle ait merci de son léal amant,

Que li miens cuers et projet et semont.
Reviens à moi s'elle bien te respont ;
Et s'elle va mon salut chalongent,
Il n'i ot plus. Mais mi chant remainront,
Ne jà par moi ne recomenceront.

6 Septembre 1857.

III

FRANÇOIS PÉDOUE

1603-1673

FRANÇOIS PÉDOUE

François Pédoue est moins connu par ses poésies que par ses vertus ; on le considère plutôt comme un saint que comme un littérateur, et cependant nous possédons de lui des œuvres qu'il renierait sans doute à cause de la légèreté des idées, mais dont il avouerait certainement plusieurs pour le bonheur de la forme. — François Pédoue n'est pas tout à fait Chartrain, car il naquit à Paris le 30 mars 1603, mais il était d'origine beauceronne ; on retrouve sa famille établie à Ablis dès le xvᵉ siècle[1] ; son père était procureur au Parlement de Paris, et sa mère, Madame Françoise de Tranchelion, était la sœur de M. d'Armenonville : ce fut dans le château de ce seigneur que Pédoue fut mis en nourrice et reçut sa première éducation. Il passa en-

1. En 1505 une chapellenie fut fondée dans l'église d'Ablis sous le nom de *don Pédoue* par Jean Pédoue, prêtre, parent de notre poète. Ce fut le premier bénéfice ecclésiastique dont jouit François Pédoue.

suite chez les Jésuites de la Flèche où il fit de brillantes
études, et le cardinal de Retz, qui avait connu son père
et qui s'intéressait au jeune homme, s'employa si bien
pour lui qu'il lui fit obtenir une prébende dans l'église
de Chartres. Pédoue prit possession de son bénéfice le
17 décembre 1623, mais il n'était pas encore engagé
dans les ordres sacrés, et emporté par l'ardeur de ses
vingt ans, il méconnut pendant douze ans le caractère
vénérable de la dignité dont il était revêtu, et composa
en prose et en vers des opuscules qu'il tâcha plus tard
de supprimer. Nous ne raconterons pas l'histoire plus
ou moins véridique de sa conversion, ni comment,
sortant un soir de sa maison, il fit dans les rues de
Chartres une chute qui faillit lui donner la mort et qui
amena son retour vers la religion : constatons seulement, ce qui, du reste, est à la connaissance de tous,
que François Pédoue consacra les trente dernières années de sa vie à expier par les bonnes œuvres et la piété
la plus exemplaire les dérèglements de sa vie de jeune
homme.

En terminant cet article, nous dirons quelques mots
de l'Ordre de la Providence dont il est le fondateur ;
pour le moment nous ne voulons considérer Pédoue
que de l'âge de vingt à trente ans, « vestu de satin,
« portant point coupé à son rabat, escorté de deux la-

« quais dont il avait appelé l'un Tant-Pis et l'autre
« Tant-Mieux, enfin général de l'Ordre des Chevaliers
« de Sans-Souci »; c'est ainsi que nous le représente le
chanoine Jean Lefebvre, son biographe. Il serait curieux
de connaître les statuts de l'Ordre des Chevaliers de
Sans-Souci; malheureusement il n'en existe aucune
trace, mais il paraît que c'était un Ordre très bien or-
ganisé, qui possédait de nombreux dignitaires, et à leur
tête, outre le général, un grand prévôt chargé de la
police et ayant droit de censure même vis-à-vis le chef
de l'Ordre. Nous verrons tout à l'heure qu'en 1626
cette charge de grand prévôt était occupée par Charles
Momonier, qui était aussi chanoine de Chartres et qui
devint prévôt d'Auvers le 3 juillet 1641.

Les Œuvres poétiques de François Pédoue furent
imprimées à Chartres, chez L. Peigné, en 1626; les
exemplaires de cet ouvrage sont devenus presque in-
trouvables, car, ainsi que nous l'avons dit, le poëte,
après sa conversion, fit tous ses efforts pour détruire
les traces des erreurs de sa jeunesse : nous pensons
donc faire plaisir à nos lecteurs en leur faisant connaître quelques-unes des meilleures pièces de l'auteur;
nous ne citerons pas les plus curieuses, car elles ne
sont pas lisibles.

Le livre est intitulé :

PREMIÈRES ŒUVRES

DU SIEUR PÉDOUE

dédiées

A DORIS

—

Imprimées à Chartres
CHEZ L. PEIGNÉ, LIBRAIRE ET IMPRIMEUR
Près la Grand-Boucherie
1626

Il commence par une dédicace en prose, dans le style ampoulé de l'Hôtel de Rambouillet, et qui nous paraît trop curieuse pour que nous ne la rapportions pas en entier.

L'AUTHEUR A SA DORIS

Voicy, belle Doris, un miroir que je vous présente, où vous pourrez fidèlement recognoistre les puissants traits de vostre beauté. Je me trompe ; ce n'est pas un miroir, puisqu'un miroir n'est que glace, et mon offre rien que feu. C'est un feu vraiment, et c'est ce beau feu dont vous m'embrasastes par les froideurs de vostre modestie lorsque j'eus le bonheur et le malheur de vous voir : c'est un feu puisqu'il en a toutes les qualitez ; car si le feu est pur, s'il tend toujours vers sa sphère et chasse l'humidité de ce qu'il embrase, celuy-ci est la pureté mesme en son honneste dessein, tend toujours vers vos beaux yeux ses sphères, et bruslant mon cœur en a chassé par mes yeux tant de larmes que sans mes flames dès longtemps j'en eusse esté noyé. Ne le refusez point, belle Doris ; aussi bien est-il vostre, estant venu de vous ; car estre très violent et toujours durer, embraser mon cœur et ne le consumer point, ce ne sauraient estre les effets que du feu divin qui part de vos beaux yeux : recevez-le, grande Déesse, et ne craignez point qu'il vous brusle : hélas ! tant s'en faut ! il n'a jamais seulement peu vous eschauffer. Si vous le daignez voir, vous l'aurez, je m'asseure, très agréable, puisqu'aimant mon mal vous ne pourrez que prendre un très grand plaisir à ce qui le représente, plaisir toutes fois qui n'esgalera point celuy que j'ay à vous le donner, puisque je mets le comble à mes délices et à ma gloire à vous rendre service mesme jusqu'après ma mort, n'estimant pas que ce soit assez d'une vie si petite que celle-cy pour adorer une si grande déesse.

Après la dédicace, sont imprimées plusieurs pièces de vers, adressées à l'auteur pour le féliciter de son ouvrage, et qui nous révèlent des noms de poëtes inconnus : Jacques Nicole, O. Drouard, seigneur du Bouchet, C. de Châteauneuf, de Pruniers, cousin de Pédoue, et autres. Pour le moment, nous ne vous ferons connaitre que deux de ces poésies, une du grand prévôt de l'Ordre des Chevaliers de Sans-Souci qui permet l'impression de l'ouvrage, et une autre de l'imprimeur qui remercie le poète de lui avoir confié ses vers.

APPROBATION DE L'ORDRE DES CHEVALIERS DE SANS-SOUCY DONT M. PÉDOUE ÉTAIT GÉNÉRAL.

> *Moy, prévost d'ordre, je soubzsigne*
> *N'avoir rien leu dans ces escris*
> *Qui ne doive à tous bons esprits*
> *Sembler judicieux et digne.*
> *Les saisons, les amours aislez,*
> *Les vers raillards y sont meslez ;*
> *On y voit tout ce qui peut plaire,*
> *Tant leur autheur est libéral,*
> *Et comme un parfait général*
> *Sçait généralement tout faire.*
>
> MOMONIER, *G. P. de l'Or.*

L'IMPRIMEUR A L'AUTHEUR, DIZAIN.

> *J'aurai part, mon Pédoue, à l'immortalité*
>   *De ton divin ouvrage :*
> *Mon nom avec le tien au ciel sera porté,*
> *Sans que jamais le temps y puisse faire outrage,*
> *Comme la sage femme est digne qu'on la loue,*
> *Ayant bien à propos accouché quelqu'enfant,*
>   *De mesmes il faut que l'on m'advoue*
> *Qu'avec toy je serai sur l'âge triomphant,*
>   *Pour avoir si bien mis au jour*
> *Tes beaux vers où l'on voit tous les attraits d'amour.*
>
> C. PEIGNÉ.

Après ces vers, se trouve un second titre :

PREMIÈRES ŒUVRES DE M. PÉDOUE
CONTENUES DANS CE VOLUME :

Les quatre saisons de l'année.
Les amours de Doris.
Diverses louanges.
Lettres satyriques.
Advantures satyriques.

On lit à la fin de la première partie :

FIN DES AMOURS ET DES LOUANGES DE M. PÉDOUE.

Puis une seconde partie commence avec ce titre :

LETTRES ET ADVANTURES SATYRIQUES.

Maintenant que nous avons fait la description matérielle du livre, examinons plus attentivement ce qu'il renferme. Les *Quatre Saisons* manquent complètement : la plus grande partie des pièces contenues dans la première partie du volume sont des sonnets destinés à célébrer les beautés de Doris ou à lui reprocher sa cruauté. Ces sonnets sont généralement assez médiocres ; le style est celui du fameux sonnet à la princesse Uranie,

et eût certainement fait les délices de Bélise et de Phi-
laminte. Nous choisissons le meilleur, dans lequel le
poète se compare à un vaisseau.

Je ressemble au vaisseau, ravy du port heureux
Par les vents obstinez à son prochain dommage ;
Car ne pouvant trouver un paisible rivage,
Je rame incessamment sur les flots amoureux.

Je mets au vent pour voile un désir genéreux.
J'ai pour ancre l'espoir, pour mast un grand courage,
Pour les vents mes soupirs, et mes pleurs pour l'orage
Qui tache à me noyer en ses flots douloureux.

De mon triste vaisseau l'amour est le pilote.
Que le sort est divers ! avec toute sa flote,
Il fait heurter aux bancs le clairvoyant nocher.

Bien qu'il craigne la mort de leur onde homicide ;
Moy qui la cherche, et n'ay qu'un aveugle pour guide,
Jamais je n'y rencontre un désiré rocher.

Outre les sonnets, Pédoue nous a laissé quelques
odes et stances, dont aucune sans doute n'est parfaite
dans son ensemble, mais où se rencontrent de belles
pensées heureusement exprimées. Nous mentionnerons
d'abord l'ode *sur la Mort du cardinal de Retz*, non que
ce soit la meilleure, mais elle prouve que notre auteur

n'était point ingrat et n'avait pas oublié tout ce qu'il devait à son bienfaiteur. Elle commence ainsi :

Si le soleil par son absence
Met tout le monde en tel tourment
Qu'il en monstre un ressentiment
Par le noir et par le silence :
Dy moi quel excès de douleurs,
Quel fleuve suffisant de pleurs
Je puis offrir à la mémoire
De mon soleil dont les beaux rais,
Me comblant d'honneur et de gloire,
M'estoient tout autant de biens faits.

Citons encore le commencement de l'ode *contre une Tempête qui le surprit en chemin :*

Menace, menace, tonnerre,
Bas en ruine l'univers :
Que tous nos rochers entr'ouverts
Soient par toy brisez comme verre :
Tous ces horribles croulemens,
Ces feux, ces traisnards muglemens
N'espouvantent point mon courage.

. . . .

Des stances *sur un Départ,* qui débutent ainsi :

Fermez, fermez, mes yeux, vos mourantes paupières,
Ou si vous les ouvrez, ne les ouvrez qu'aux pleurs ;
Aussi bien verriez vous, privez de vos lumières,
Jamais autres sujets que sujets de douleurs.

Et enfin des passages d'une *Ode bachique* :

D'une agréable extravagance
Qu'on chante, qu'on boive et qu'on danse,
Sans avoir soin du lendemain ;
Car à quoy bon le soucy blesme ?
La mort, sans lui prester la main,
Nous tue assez tost d'elle-mesme.

Official de nostre troupe,
Je vous consacre cette coupe
Dont vous mettez plus d'hommes bas
Que tous ces grands foudres de guerre,
Jadis dans leurs sanglants combats,
N'en peurent renverser par terre.

Frappons la terre à la cadence ;
La maison mesme avec nous danse,
Tant elle semble se mouvoir !
Ah ! c'est toy, liqueur bien aimée,
Qui monstre ton divin pouvoir
Jusqu'en la chose inanimée.

Quant à la seconde partie du livre de Pédoue, il

nous est impossible d'en donner de longs extraits : on ne comprendrait pas aujourd'hui qu'on osât imprimer ni même penser de pareilles ordures : mais, comme l'a fort bien fait remarquer M. G. Brunet, « au commen- « cement du dix-septième siècle, les expressions les « plus ordurières, les images les plus triviales et parfois « les plus indécentes se produisaient jusque dans la « chaire ; elles n'échappaient point à la chaleur de « l'improvisation ; elles étaient recueillies et imprimées « dans des volumes qui paraissaient avec approbation « et privilège des hauts fonctionnaires ecclésiastiques ». Le goût s'épura peu à peu, mais jusqu'à la fin du XVIIe siècle, il n'est pas rare de trouver dans les œuvres des écrivains les plus sérieux ou les plus haut placés par leur naissance des expressions qu'avoueraient à peine aujourd'hui les gens les plus grossiers. Nous citerons seulement pour exemple deux lettres de la duchesse d'Orléans et de l'électrice de Hanovre (1694), qui, en fait de grossièreté, sont le modèle du genre. (*Corres-pondance de Madame, duchesse d'Orléans*, éd. Charpen-tier, tom. II, p. 385). — Il ne faut donc pas blâmer trop sévèrement notre poète, en se rappelant l'époque où il vivait. Sa pièce la plus ordurière est certainement son *Aventure seconde,* où il raconte que se trouvant en bonne fortune avec une dame, et le mari venant les surprendre, la belle lui conseilla de se cacher derrière une chaise percée.

> Moy mesme je fus bien trompé
> Et pensay bien estre attrappé,
> Car par malheur la chaise ostée
> M'osta la cache souhaittée,
> Et ne trouvant d'autre couvert
> J'allois bien estre pris sans vert :
> Quand, pour nous sauver, ma belle use
> De la plus excellente ruse
> Dont on ouyt jamais parler ;
> Car me faisant amonceler
> A quatre pattes contre terre,
> Comme si c'eust esté la chaire,
> De sa robe elle me cacha,
> Et son cul sur mon dos percha.
> Quelle étrange métamorphose !
> Qui veit jamais pareille chose ?
> Qui veit jamais un changement
> Pareil à cet événement ?
> Voilà nature renversée
> Et Pédoue fait chaise percée.

Sans doute l'idée n'est pas noble ; mais une chaise percée était à cette époque presque un meuble de salon : au siècle dernier, le duc d'Orléans, le régent, recevait les ambassadeurs des cours étrangères, assis sur ce trône d'un nouveau genre.

Voici une description de servantes morfondues par
e froid, qui ne manque pas de verve et d'originalité :

> *Elles bavoient comme limaces ;*
> *Leurs yeux battus pissoient par tout ;*
> *Leur nez s'emperloit par le bout ;*
> *Leurs dens se rangeans en bataille*
> *Se choquoient d'estoc et de taille,*
> *Puis toutes d'accord s'unissant,*
> *Alloient ensemble menassant*
> *D'une guerre mortelle et dure*
> *Leur adversaire la froidure,*
> *Pour avoir pris un dévolu*
> *Sur leur nez tors et vermoulu.*

Toutefois, même en faisant la part de la licence
d'expressions de l'époque, il faut convenir que Pédoue
va souvent un peu loin, et nous avons besoin de dire
en terminant quelques mots des dernières années de sa
vie pour nous réconcilier avec lui.

François Pédoue, pendant le cours de sa jeunesse
orageuse, avait appris à connaître le mal.

> *Non ignara mali, miseris succurrere disco.*

Une fois revenu à de plus sains sentiments, il résolut de sauver celles qu'il avait peut-être contribué à
pervertir. Il se mit en rapport avec de saintes filles,

toutes disposées à consacrer leur vie à la gloire de Dieu.
Il leur inspira le projet de retirer près d'elles et d'entretenir les pauvres filles débauchées qu'elles pourraient rencontrer, et afin de les aider dans ce charitable dessein, il leur abandonna tous les biens qu'il possédait. Cette association dura huit ans (1643 à 1651); mais il fallut bien reconnaître que tous les efforts étaient inutiles pour arracher au mal celles qui s'en étaient fait une habitude : la communauté naissante dut se dissoudre. Pédoue comprit alors que le meilleur moyen de moralisation était de prévenir le mal et de l'empêcher de se produire ; l'Ordre de la Providence fut ainsi créé. Les pieuses dames qui avaient aidé le chanoine dans son premier essai se représentèrent à lui pour le servir dans sa nouvelle œuvre, et on obtint, le 22 octobre 1653, des lettres d'autorisation de l'évêque de Chartres, Jacques Lescot, qui permettaient à la Congrégation de s'établir, dans le but « de retirer les pauvres filles « orphelines de Chartres et des faubourgs, dès l'âge « de quatre à cinq ans jusqu'à celui de quinze ans, et « pendant ce temps les instruire dans la piété, les dres- « ser au travail et leur apprendre divers métiers, afin « qu'étant par ce moyen hors de l'oisiveté et de la « mendicité, elles puissent se conserver dans la pureté « et l'innocence ».

Nous n'avons pas besoin de louer une pareille insti-
tion : dire que François Pédoue en fut le fondateur,
c'est assez l'absoudre des erreurs de sa jeunesse.

Avant de quitter notre chanoine, nous voulons encore parler de quelques poésies inédites qui lui sont
généralement attribuées et que nous avons de fortes
raisons de croire appartenir à une autre plume : ce sont
des satires assez violentes contre les membres du Chapitre de Chartres à propos de l'adoption du camail. Le
Magasin pittoresque (année 1856, p. 56) a publié quelques extraits de ces poésies, et en leur donnant Pédoue
pour auteur semble les rapporter à l'année 1626 ; mais,
d'après les noms des chanoines cités dans ces vers, il
est impossible de leur assigner une date plus reculée
que 1656 : or, à cette époque, Pédoue n'avait plus la
verve de sa jeunesse, et sa conversion sincère paraît
d'ailleurs avoir dû lui défendre ces attaques un peu vi-
rulentes contre ses confrères.

Nous publierons cependant ces satires ; elles sont
assez curieuses et souvent assez bien tournées pour
mériter l'honneur d'être connues.

Par un acte capitulaire rendu au chapitre général de
la Chandeleur 1626, il fut ordonné que depuis la fête

de la Toussaint jusqu'au jour de Pâques de chaque
année, le camail serait porté rigoureusement par tous
les chanoines, dignitaires et autres, prêtres et clercs, et
généralement par toutes les personnes attachées au
chœur de l'église, sans exception, sous les peines éta-
blies audit acte capitulaire. Cette ordonnance ne fut
pas strictement observée durant les premières années;
mais la majorité du Chapitre tint bon, et de nouvelles
ordonnances vinrent confirmer la prescription de 1626.
Ce fut alors qu'un des chanoines récalcitrants imagina
de confier ses protestations à l'Ane qui vielle : ces vers
prêtérent fort à rire, mais ne purent avoir gain de cause
contre l'opinion de la majorité, et la coutume subsista
de porter le camail pendant l'hiver.

PREMIÈRE REQUESTE DE L'ASNE QUI VIELLE

A MESSIEURS DU CHAPITRE

Messieurs, écoutez la requeste
D'un pauvre asne qui, quoique beste,
Vous parle raisonnablement
De l'admettre dans vostre esglise,
Ne pouvant plus souffrir la bise
Qui, depuis trois ou quatre mois,
Lui fait souvent souffler ses doigts.

Depuis six cent soixante années
Les rigueurs de mes destinées
M'exposent aux vents, aux frimats,
Aux grandes neiges, aux verglats,
Lesquels j'ai soufferts sans murmure ;
Mais à présent je vous conjure
Pour éviter cette rigueur
De me placer dans vostre chœur.
Pour le nom d'asne que je porte,
Ne m'en refusez pas la porte,
Puisqu'on y voit cent dominos
Qui sont de plus grands animaux.
J'ai beaucoup plus de suffisance,
Encore bien plus de science
Que les Mulots [1], *que les Badou* [2] *;*
Que Favier [3], *Samson* [4] *et Poitou* [5].
Beaucoup plus de théologie.
Je possède l'astrologie ;
Je connois bien le mouvement
Des étoiles du firmament,
Des fixes comme des errantes,
Celui des étoiles volantes
Qu'une légère exhalaison
Elève sur nostre horizon.

1. Léonor Mullot, reçu chanoine le 6 octobre 1636, et Louis Mullot, son frère, chanoine le 31 mars 1640.

2. Martin Basdoux, chanoine le 4 juillet 1648.

3. Claude Favier, chanoine le 14 juillet 1650.

4. Charles Samson, reçu le 9 octobre 1641.

5. Louis Poictou, chanoine le 21 juin 1645.

Je suis un vielleur renommé,
Un musicien très-achevé :
Je chante haut comme un beau diantre
A peu près sur le ton du chantre [1],
Au défaut duquel, ce dit-on,
Je pourrois porter le baston [2].
Ma tonsure est fort canonique,
Et mes cheveux feroient la nique
Au bonhomme le sous-doyen [3],
Estant une ignare personne
Ne sçauroit critiquer que cheveux et couronne.
Puis je vaux bien le Principal [4] *;*
Je vaux bien le théologal [5]
Qui, par une bile indiscrète,
A si fort, depuis peu, déchiré la grisette.
Au reste que je sois admis
Auprès d'un de mes bons amis
Que de Vauloger on appelle,
Plus asne que celui qui vielle.

1. Jacques de Bricourt, chantre depuis le 28 novembre 1650, chantait très haut et d'une voix très enrouée.

2. Le bâton cantoral.

3. Mathurin Tulloue, chanoine le 4 juillet 1633 et sous-doyen le 26 septembre 1653, ne pouvait souffrir les cheveux longs aux prêtres.

4. Michel Martin, principal du collège Pocquet depuis le 5 janvier 1630.

5. Pierre Sarrazin, théologal le 24 février 1645, sévère dans ses mœurs, s'était déclaré l'ennemi des grisettes, soutenues en secret par quelques-uns de ses confrères.

Pour m'installer, Messieurs, ne prenez rien ;
Recevez ma requeste, et vous ferez fort bien.

> *Le Chapitre ayant conféré*
> *Sur cette obligeante requeste,*
> *Et meurement délibéré*
> *De refuser la pauvre beste,*
> *Fit réponse que dans un mois*
> *Chacun y donneroit sa voix.*

Cependant le froid continuant, l'Ane présenta une seconde requête :

> *C'est le pauvre Martin, Messieurs,*
> *Qui vous annonce avec des pleurs*
> *Que les vents ont rompu sa vielle.*
> *De la part du pauvre vielleux,*
> *Commandez de grâce au Fluteux* [1]
> *Qu'il m'en fabrique une nouvelle.*

> *Je viens une seconde fois*
> *Me soumettre à toutes vos lois,*
> *Et vous prier avec instance*
> *D'avoir de moi compassion,*
> *Et me mettre en quelque maison*
> *Où je sois plus en assurance.*

1. Menuisier demeurant près de l'église Notre-Dame.

Les neiges m'ont gelé la peau,
Et je suis tout traversé d'eau ;
Le vent de tous costés m'attaque,
Et si vous ne m'ostez bientost
Je ferai prier Monsieur Gost [1]
De me prester une casaque.

Je ne fais plus tant l'arrogant
Que je le faisois ci-devant ;
Je ne veux plus estre à l'esglise :
Qu'on me mette dans l'Hostel-Dieu,
Et qu'on m'y fasse un peu de feu
Pour faire sécher ma chemise.

Hélas ! elle me tient au dos ;
Ce n'est pas pour avoir eu chaud,
Mais bien à cause de la glace.
Je prie Monsieur le doyen [2],
Comme je n'ai pas le moyen,
Qu'à l'Hostel-Dieu j'aye une place.

Ce grand lévite est toujours bon ;
Je logerois dans sa maison :
Je ne suis pas d'humeur mauvaise,

---

1. Henri Goault, chanoine le 7 novembre 1653.
2. Elie Fougeu d'Escures, chanoine le 8 mars 1636 et doyen le 20 août 1650, était en même temps premier administrateur de l'Hôtel-Dieu.

Et comme je suis son voisin[1],
J'ose me dire son cousin,
Et je crois qu'il en est bien aise.

Me refusez vous l'Hostel-Dieu ?
Placez moi dans quelqu'autre lieu,
Mais non point chez Monsieur Lemaire[2],
Ce grand coquin, ce chassieux,
Il me feroit crever les yeux,
Tant son humeur est haute et fière.

Non plus que chez Luc Andrieu[3],
Ce matou, ce vilain bourru ;
Il fait bien le gausseur du monde,
Quand il est en sa belle humeur ;
Mais, ma foi, c'est bien le malheur,
Il fait enrager quand il gronde.

Non plus que chez le sieur Oudard[4],
C'est un fantasque, un vieux penard ;
S'il alloit prendre sa boutade,
Il feroit sonner le baston
Sur mon malheureux croupion,
Dont je pourrois estre malade.

---

1. Le doyen logeait dans le cloître, en face du portail méridional.

2. Jacques Lemaire, chanoine le 12 octobre 1641, et archidiacre de Pinserais.

3. Meén Andrieu, chanoine le 7 septembre 1647.

4. Oudard Gervais, chanoine le 25 novembre 1634.

S'il vous plaisoit, chez Fontenay [1]
A mon aise je logerai ;
Je traînerai bien son carrosse :
Je suis un bon gros animal
Qui peut valoir un bon cheval,
Mais je n'entends pas qu'il me rosse.

Qu'on me fasse suisse à Pain-Chaud [2] :
Si les chantres font les marauds,
Ou sont d'une humeur par trop fière,
Quoique je ne sois qu'un baudet,
Je leur donnerai bien le fouet
Et leur sanglerai la croupière.

Si l'on n'entend pas mon latin,
Que j'aille chez le sieur Martin.
Nous sommes d'un mesme lignage :
Les Martins se connoissent bien,
Ils usent d'un mesme entretien
En parlant d'un mesme langage.

L'asne parlant à meilleur titre,
Avant que d'assembler Chapitre
Pour y pourveoir aux dignitez
On envoya des députez.

1. Jean de Fontenay, chanoine le 19 mai 1635.
2. Prison au pied du rond-point du chœur, où l'on renfermait les prêtres du bas-chœur et les chantres qui avaient malversé.

L'Ane crut avoir gagné sa cause, et comme on était en carnaval, il adressa cette troisième requête aux députés, sur l'air : *Réveillez-vous, belle endormie.*

Je, l'asne qui vielle, supplie,
Pour cette fois, les Dignitez,
Surtout le grand docteur Hélie,
D'entendre mes nécessitez.

C'est la coutume de l'église
D'entretenir honnestement
Tous les chantres qui sans feintise
Vous ont servis fidèlement.

En ligne oblique ou circulaire,
Au rapport du grand Tamberlan,
Je descends de l'aïeul du père
De l'asne parlant de Balan.

Depuis plus de six cents années
Attaché contre cette tour,
Aussi haut que les cheminées,
Je sonne la nuit et le jour.

C'est par ce pieux exercice,
Mes seigneurs, que je rétablis
Les manques que font à l'église
Vos chantres qu'avez ennoblis.

Enfin je me vois inutile
Par la perte de ma santé ;
Un travail assidu mutile
Un corps, fût-il de bois flotté.

A force de tourner ma vielle
J'ai perdu la moitié d'un bras,
Et j'ai tant fait la sentinelle
Que, sur mon âme, j'en suis las.

Humblement donc je vous demande,
Non pas d'entrer dans votre chœur ;
Mon insolence seroit grande
Et je vous ferois mal au cœur ;

A l'Hostel-Dieu je désire estre
Jusqu'à ce que je sois guéry ;
En me recommandant au maistre
Je reprendrai mon coloris.

Le bon accueil qu'à mes confrères
Fait toujours Monsieur le Doyen
Me fait croire que mes affaires
N'iront pas mal par son moyen.

Monsieur le Chantre à teste chaude
Pourra conclure mon congé ;
Car le plus souvent il clabaude
Contre notre pauvre clergé.

Au Grand-Archidiacre la gloire[1] *!*
Mais il a bien de la pitié :
Autrefois en sa promenoire
Je possédois son amitié.

Le bon sou-doyen est tout triste
De me voir ainsi garotté ;
Je serai son évangéliste
S'il conclud à ma liberté.

Claude Brenet[2] *est mon fidèle ;*
Il m'a juré plus de cent fois
Que, dans ses doux concerts, ma vielle
Feroit mieux que toutes leurs voix.

Le doux archidiacre Lemaire
N'est pas de si mauvaise humeur
Qu'il ne voulût un jour me faire
L'honneur d'estre mon confesseur.

Je ne redoute qu'Imonville[3] *:*
Son parler étonne les gens.
Et moi, qui suis doux et docile,
Je crains bien les emportemens.

1. François de Chaudet de Lazenay, grand-archidiacre le 12 mai 1635.

2. Maître de musique de l'église.

3. Philippe de Cugnac d'Ymonville, archidiacre de Blois le 24 septembre 1633.

De Lhéry [1], chevalier de Grasse,
Gascon, naturel de Rhodez,
Auroit assez mauvaise grâce
De haïr les pauvres baudets.

Le chambrier, Jean Edeline [2],
Fait du bien aux nécessiteux,
N'aura pas plutôt vu ma mine
Qu'il saura combien je suis gueux.

Monsieur de Bricourt, ma requeste
Est maintenant entre vos mains ;
Faites pour une pauvre beste
Ce que l'on doit à ses germains.

Si je dois attendre une grâce
C'est de Monsieur le Chancelier [3] ;
C'étoit le second de ma classe
Lorsque j'estois jeune écolier.

Si vous croyez que mes affaires
Ne se puissent faire entre vous,
Voyez tous vos autres confrères,
Ils en pourront estre plus doux.

1. Jean de Léris, chanoine le 7 juin 1641.
2. Jean Edeline, chanoine le 9 septembre 1626 et chambrier le 24 juillet 1656.
3. Pierre Edeline, chanoine le 22 novembre 1642 et chancelier le 16 mars 1652.

Les députés ayant communiqué cette dernière requête à leurs confrères, le Chapitre délibéra et répondit sur le même air.

Nous avons lu vostre requeste,
Monsieur l'asne, tout de son long ;
La réponse en est toute preste :
Pas un ne vous veut pour second.

Depuis trois ou quatre sepmaines
L'on tient chapitre à ce sujet ;
Sans se donner beaucoup de peines
Chacun dit : Ce n'est pas mon fait.

Le Théologal, dans sa manche,
Qui toujours a discours tout prêt,
Vous dit : C'est aujourd'hui dimanche,
Je ne réponds point au baudet.

Le Chantre, bien fort en colère
D'estre mis en comparaison,
Ne conclut rien en cette affaire,
N'estant pas sûr de son baston.

Le sou-chantre, comme à la feste,
Crie : Cet asne est bien mutin,
Et je conclus, beste pour beste,
Nous avons assez d'un Martin.

Pintard [1] répond en cette affaire
Qu'elle est le fait du Principal ;
Mais lui, d'un esprit débonnaire,
Répond : Je m'en tiens à mon mal.

Le Doyen répond au contraire :
Je sais bien un autre moyen :
Cet asne est bon, il sait bien braire,
Mettons le chez le sou-doyen.

S'il en veut, je conclus au reste
Qu'on lui donne un grand domino
Qui lui couvre du moins la teste
Jusques à la Quasimodo.

Champigny dit : Qu'on congédie
De chez nous ce gros animal,
Car les rossignols d'Arcadie
Doivent aller au Présidial.

Granger [2] s'écrie à pleine teste :
Tous les discours sont superflus,
Envoyons cette grosse beste
Au grand ratelier des Elus.

1. Gilles Pintard, chanoine le 8 octobre 1646.
2. Pierre Granger, chanoine le 25 septembre 1628.

J'ai dans ma main la répartie,
Dit assez haut Monsieur Sanson ;
Faut l'envoyer sans moquerie
Chez Gault, qu'il lui donne du son.

Monsieur le Prieur de Courville [1]
Dit : Je vois fort sur ce sujet
Que vous cognoissez bien le style
De traiter un pauvre baudet.

Pour des chevaux encore passe,
Répond Sanson d'un ton fascheux ;
Mais pour des porteurs de besace
Je ne suis pas si convoiteux.

Chevalier [2] : Ce seroit merveilles
De faire à l'asne charité ;
Grand asne d'esprit et d'oreilles
Il feroit l'hospitalité.

Gault pour répondre à la requeste
Aiguisoit son esprit bien fin ;
Mais il fit un si vilain geste
Qu'il passa pour un baladin.

1. Jacques Felibien.
2. Gilles Chevalier, chanoine le 31 août 1652.

Une cervelle assez bien faite,
Dit Fontenay, c'est curieux,
Enfermons le dans la chambrette ;
Il sera l'asne vielleux.

Après s'estre rompu la teste,
Chacun cherchoit à le placer ;
Fontenay renvoya la beste
Chez Sanson, peur de la chasser.

Mais Sanson veut avec prudence
Qu'on le nourrisse un mois ou deux,
Et qu'après Pasque, en diligence,
On le vende, fort cher, à Dreux.

A Dubois¹ il prit une envie,
Regardant le pauvre animal,
Il dit : Messieurs, pendant ma vie,
Je le prendrai pour mon cheval.

Si nous rebutons la requeste,
Sagement répondit Ganneau²,
Au moins, comme à une autre beste,
Faisons lui faire un domino.

1. Michel Dubois, chanoine le 19 novembre 1653.
2. Claude de Ganeau, chanoine le 6 décembre 1614.

Jourdain [1], rempli de violence,
Dit de gros mots, jura sa foy :
Faut-il, dit-il, que l'on offense
Tous mes confrères comme moy.

Baillon [2] et Favier, en colère,
Crient : Messieurs, ne souffrons pas
Que l'on mette avec nos confrères
Cet animal qui porte bâts.

Oudard, quinteux comme une mule,
Déclama contre l'animal ;
Mais son advis trop ridicule
Fut reçu de tous assez mal.

Dumousset [3], d'un ton plein de gloire,
Dit : Qu'on le mène chez Granger,
Le gros Nono le fera boire
Et Granger le fera manger.

Les Mullots disent : Que d'affaire
Pour un asne, pour un baudet !
Il est aisé de s'en défaire,
On n'a qu'à le mettre au gibet [4].

---

1. Blaise Jourdain, chanoine le 1er avril 1636.
2. Nicolas de Baillon, chanoine le 8 octobre 1649.
3. Pierre-Geoffroy Dumousset, chanoine le 5 octobre 1653.
4. Les deux frères Mullot laissèrent pendre leur frère, ne voulant pas donner 50 pistoles pour le sauver.

Gohory [1]*, qui ne peut se taire,*
Leur dit : Messieurs, quelle pitié !
Lairiez vous pendre votre frère ?
Auriez vous si peu d'amitié ?

Buton, boulanger charitable [2]*,*
Chante bien sur un autre ton
Et dit : Mettez le en mon estable,
Je lui ferai donner du son.

Leveau [3]*, chanoine un peu bélistre,*
Cria : Messieurs, clignant des yeux,
Mettons le dans notre chapitre,
Il en viellera beaucoup mieux.

A la suite de cette réponse à lui signifiée, l'Ane qui vielle sentant ses forces défaillir et ne voulant pas mourir *ab intestat,* prit le parti de faire son testament en cette forme, sur l'air : *Réveillez-vous, belle endormie.*

Messieurs, mon extrême vieillesse,
Achevant mes jours et mes ans,
Vous me permettrez que je laisse
A mes amis mes biens présents.

1. François Gohory, chanoine le 10 octobre 1639.
2. Le père du chanoine Buton était boulanger.
3. Pierre Duveau, chanoine le 19 septembre 1639.

Approchez vous, les deux notaires,
Grono, puis maistre Jean Contet,
Car mon testament je veux faire,
Et me le mettez bien au net.

Pour mon âme, je l'abandonne
A cet éloquent Dumousset [1],
Puisque je ne cognois personne
Qui soit un plus fameux baudet.

Pour marque de ma gratitude
Envers le voisin Jonathas [2],
Je lui fais don de mon étude,
Et de ma housse et de mon bâts.

A Feydeau je donne ma vielle ;
Quoiqu'aveugle imparfaitement,
L'humeur qu'il a pour la rondelle
Parfera son aveuglement [3].

Je donne à Monseigneur le Chantre
Mon grand gosier harmonieux,
D'où je poussois, comme d'un antre,
Des tons, comme lui, furieux.

1. Ce chanoine n'a jamais prêché.
2. Le Doyen, dans un sermon, avait dit que Jonathas (au lieu de Jonas) était resté trois jours dans le ventre de la baleine.
3. Louis Feydeau, chanoine le 13 décembre 1650, avait la vue courte, et l'excès de vin l'en priva tout à fait.

Je donne à Baillon, mon confrère,
Ma langue, par ce testament,
De laquelle j'ai bien su faire
Des harangues tout sur le champ [1].

Pour mes harigots [2], *je les donne*
Au riche auvergnat Andrieu,
Qui son or jamais n'abandonne,
Et qu'il aime un peu plus que Dieu.

A Dubois, mon ami, je lègue
Mon cœur, comme un don précieux.
A Grenet [3], *comme à mon collègue,*
Je laisse à jamais mes deux yeux.

Je laisse à l'homme du chapitre,
Le sou-doyen, mes deux nazeaux [4],
Pourvu qu'il me fasse une épitre,
Une épitaphe et des tombeaux.

S'il n'accepte ce don aimable,
Je veux qu'il retourne à Hoyau,
Lequel aura pour agréable
De son parent le beau naseau.

1. Baillon, voulant haranguer l'évêque, était resté court.
2. Petites flûtes.
3. Claude Grenet, chanoine le 8 avril 1650.
4. Le sous-doyen avait un gros nez et de larges narines.

Thoret [1], *officier très-fidèle,*
Comme l'ayant bien mérité,
Moi, qu'on nomme l'asne qui vielle
Je vous donne ma gravité.

Sanson, vous aurez ma machoire;
Autrefois l'un de vos cousins
Eut une célèbre victoire
Par elle sur les Philistins.

A celui qu'on dit Mille-affaires
Et qui trotte en cent lieux divers,
Au chambrier sans chambrière [2]
J'abandonne mes quatre fers.

Son cousin aimant la musique,
Encore davantage à jouer,
Aura ma voix mélodifique
Qu'on n'a jamais vu s'enrouer.

Quant à ma bride, à ma croupière,
C'est pour Favier et pour Martin,
Qui, quoiqu'ils soient tous deux mes frères,
Sont très inégaux en latin.

1. Thomas Thoret, chanoine le 24 novembre 1627.
2. Le chambrier Edeline renommé d'ailleurs par son activité, n'avait qu'un valet, par économie.

Les grands seigneurs de notre rue
S'appelaient jadis des Beaudoins [1] ;
A ceux qui sont dedans leurs places
Je donne mes dents et mes reins.

Afin d'augmenter les merveilles
Du cabinet de Fonteney,
Je lui donne mes deux oreilles
Et mon portrait enluminé.

Je suis ami de Laurent Mielle [2]
Avec qui j'ai bien du rapport,
Je veux qu'il soit l'asne qui vielle
Aussitost que je serai mort.

Pauvres Mullots, je vous supplie,
Ecoutez attentivement :
Un beau don que je vous confie,
C'est mon licou pour vos parents.

Pauvre Oudard ! tu ne ris que guère,
Pourquoi deviens tu si chagrin ?
Prends ma rate, c'est ton affaire,
Comme remède souverain.

1. Denis Baudouin, chanoine le 6 juin 1627, et Louis Baudouin, son frère, chanoine le 18 août 1649.

2. Florent Miel, chanoine le 13 octobre 1650.

Féron [1], *vous aurez ma mémoire ;*
Je vous la donne de bon cœur :
Vous en tirerez de la gloire,
Puisque vous faites l'orateur.

Je voulois donner mon babine
A monsieur l'abbé qui n'est plus [2] *;*
J'aime mieux qu'il ait mon eschine
Pour emporter ses carolus.

Ecris, notaire, je te prie,
Que je donne au morveux Pintard
Mon col qui doucement se plie
Quand je veux faire le mignard [3].

Ganeau, pour allonger ta vie,
Je te veux donner mes poulmons ;
Tu goûteras mieux l'ambroisie,
Quand tu seras dans Esclimont [4].

L'exécuteur testamentaire,
Je le nomme, et je dis tout hault

1. Blaise Féron, chanoine le 26 janvier 1650.

2. François Genuiny, chanoine le 15 octobre 1617, était accusé d'avoir trafiqué de son bénéfice.

3. Pintard faisait de petites grimaces en parlant.

4. De Ganeau, que l'on croyait pulmonique, devait aller prendre les eaux à Eclimont.

Que ce sera mon secrétaire,
Ce grand philosophe Girault [1].

8 Juin 1858.

Depuis la rédaction de cet article, les *Premières œu-vres du sieur Pédoue* ont été réimprimées chez Garnier, 1866, in-8.

1. Philibert Girault, chanoine le 24 décembre 1636.

IV

PIERRE SOREL

Mort vers 1570

PIERRE SOREL

La vie privée de cet auteur nous est parfaitement inconnue ; nous ne le saluons comme Chartrain, que parce que lui-même se donne cette qualité dans le titre d'un de ses ouvrages : *les Œuvres de Pierre Sorel, chartrain.* Cependant, nous reconnaissons bien son nom pour un nom du pays, et nous voyons même un Jean Sorel, échevin de la ville de Chartres en 1555. D'ailleurs, parmi les pièces isolées de notre auteur, nous rencontrons une *Prosopopée de Pierre le Seneus, son oncle,* mort le 10 avril 1560 sur la paroisse Saint-Saturnin de Chartres ; nous voyons aussi des sonnets à l'évêque de Chartres et à Jean de Montireau, archidiacre de Dreux : c'est donc là un fait incontestable, Pierre Sorel était Chartrain.

Si sa vie privée est peu connue, ses œuvres ne le sont pas beaucoup davantage, et à cela rien d'étonnant,

vu la rareté de ses ouvrages dont les Bibliothèques de
Paris ne possèdent pas un seul exemplaire. La Croix
du Maine, cependant, et Ant. du Verdier lui ont consacré quelques lignes : le premier nous apprend
qu'outre le livre dont nous allons tout à l'heure
vous entretenir, Sorel avait mis en vers français
« quelques livres de l'Iliade d'Homère, non encore
imprimés [1], » et avait également traduit du latin en
français une complainte sur la mort du connétable de
Montmorency, dont nous avons retrouvé le titre exact
dans la *Bibliothèque historique de la France,* tome III,
n° 31435 : *Plainte sur la mort d'Anne de Montmorency,
traduite du latin de M. Légier du Chesne, professeur du
roi, ensemble plusieurs élégies et sonnets, par P. Sorel,
chartrain.* Paris, Roville, 1568, in-4°. Enfin, dans le
Bulletin du Bibliophile du mois de février 1858, M.
Eus. Castaigne a consacré un article à l'*Advertissement
du monstre du Danube,* de Pierre Sorel.

Quoi qu'il en soit, ces quelques lignes ne consti-
tuent pas pour un auteur une bien grande célébrité.
Sorel mérite-t-il donc l'oubli où on l'a laissé ? Oui et

---

1. Dans une épître à M. Archambault, Sorel rappelle sa traduction de l'Iliade, déjà, dit-il, entreprise avant lui par le docte Salel. —
Nous aurons l'occasion de reparler de ce dernier.

non : oui, car on ne peut le citer comme un modèle
dans toutes ses poésies ; non, car il est de beaucoup
préférable à des auteurs plus célèbres, et nous croyons
qu'on trouverait encore plaisir et avantage à lire
quelques vers de notre auteur. Il est, nous l'avouons
tout d'abord, grand imitateur de Ronsard, auquel
presque toutes ses œuvres sont dédiées, et dont il se
proclama admirateur passionné. Aux yeux de bien des
gens, cette imitation exclut déjà tout mérite ; mais nous
ne sommes pas de cet avis. L'école de Ronsard, si criti-
quée, et quelquefois à bon droit, par les partisans de
Malherbe et par la grande école du XVIIe siècle, renferme cependant de nombreuses beautés qui, à part
quelques défauts inséparables d'une école qui se crée,
n'ont pas été surpassées par nos inimitables classiques.
Outre les vers de Sorel que je rappellerai bientôt, je
citerai, par exemple, la fin de la description du déluge,
tirée de la seconde journée de la *Sepmaine* de Dubartas :

Trois fois cinquante jours, le général naufrage
Dévasta l'univers : enfin d'un tel ravage
L'Immortel attendri n'eut pas sonné sitôt
La retraite des eaux, que, soudain, flot sur flot,
Elles vont s'écouler. Tous les fleuves s'abaissent ;
La mer rentre en prison ; les montagnes renaissent ;

Les bois montrent déjà leurs limoneux rameaux;
Jà la campagne croît par le décroît des eaux :
Et bref la seule main du Dieu darde-tonnerre,
Montre la terre au ciel et le ciel à la terre.

Ces vers mêmes de Ronsard, cités souvent comme chef-d'œuvre de mauvais goût :

Et de là sort le charme d'une voix
Qui, tout ravis, fait sauteler les bois,
Planer les monts et montaigner les plaines

trouveront grâce devant nous. Que l'on nous accuse, si l'on veut, d'un romantisme outré ; mais, nous le disons hautement, nous croyons que lorsqu'on écrit en vers, on ne saurait trop multiplier les figures : nous repoussons cette poésie qui n'est que de la prose déshonorée souvent par de mauvaises rimes ; et autant nous demandons de simplicité et de clarté à nos prosateurs, autant nous pardonnons à nos poètes de ces métaphores hasardées, de ces antonomases hardies qui étonnent l'esprit, qui l'effraient parfois, mais qui ont l'avantage de peindre la pensée et de parler pour ainsi dire aux yeux de l'imagination. Nous pourrions longuement développer notre opinion ; mais qu'il nous suffise de dire que nous aimons Ronsard et son école comme nous aimons Victor Hugo et ses imitateurs : ce sont les mêmes qualités, les mêmes épithètes pleines et sonores, la même richesse de rimes, la même hardiesse d'enjambement, la même rudesse harmonieuse dans le style. Ils vous forcent à penser avec eux et ne vous endorment pas par leur fatigante monotonie.

Mais revenons à notre Sorel, dont le petit volume est intitulé : LES ŒVVRES DE PIERRE SOREL, *chartrain, où sont contenuz : Les Complaintes d'Amour ; — L'Ambition à la Royne ; — L'Advertissement du monstre du Danube au sénat romain ; — Les Fantaisies et Paraphrases du premier liure de l'Œuure et Jour d'Hésiode ; — La Paraphrase sur la Sagesse de Salomon.* A Paris, chez Gabriel Buon, au clos Bruneau, à l'enseigne Saint-Claude, 1566, avec privilége du Roy. En effet, au verso du titre, se trouve l'extrait du privilége du 19 novembre 1565.

Les *Complaintes d'amour* sont des sonnets presque tous adressés à Ronsard : nous y remarquerons surtout les imitations latines si fréquentes chez tous les poètes de cette école :

Si le repas que mon cueur fait de flamme
Ne me paissoit d'ennys continuelz.

Guide donc ma nave, *et à voiles enflées*
Rompons des flots marins les forces redoublées.

Moyse, conducteur du peuple israélite,
Mist en routte ce grand et trouppeux exercitte.

Nous citerons le commencement de la pièce intitulée l'*Ambition,* où le poëte fait la description de cette passion personnifiée par lui.

C'estoit en plaine nuit que toute humaine chose,
Sans bruit et sans labeur, sommeillant se repose,
Quand en songes je vy d'une Dame le trait
Dont estoit à plus près semblable ce pourtrait.
Ses cheveux estoient longs, entrefrizés d'audace,
Et d'un front élevé resourcilloit sa face.

. . . .

Son parler n'estoit que parole empoulée,
Et d'un linge empourpré sa teste fut voilée.
Elle avoit l'estomach en bosse relevé,
Où de long-temps elle a dix mille maux couvé.

. . . .

Elle avoit attaché au lieu d'une ercarcelle
Un large devanteau, dessouz sa courbe esselle,
Qui montoit en écharpe, ainssi qu'un semenceur
Tient le sien écharpé pour aller au labeur.

Mais la partie la plus intéressante des œuvres de Pierre Sorel est sans contredit son *Advertissement et*

*remonstrance du monstre du Danube au Sénat romain,
pris de Marc-Aurelle*. Il est assez surprenant que Pierre
Sorel, et tous ses contemporains au reste, qui cependant étudiaient plus sérieusement le latin qu'on ne le
fait aujourd'hui, se soient ainsi laissé prendre à une
supercherie et aient attribué à Marc-Aurèle l'œuvre
apocryphe d'Antonio Guevara. Ce Guevara, prédica-
teur de Charles-Quint, et successivement évêque de
Cadix et de Mondonedo, publia en 1539 (Valladolid,
Nic. Thierry, in-fol.), un ouvrage intitulé *Marco Au-
relio con el Relox de Principes*.

Le nouveau livre fut aussitôt traduit en français par
René Bertaut, sieur de la Grise, sous le titre de *Livre
Doré de Marc-Aurèle* ; et tel fut son succès que, pendant le cours du xvie siècle, il y eut plus de quinze
éditions de la version française.

Nombre d'auteurs s'emparèrent de la fiction de
Guevara et la reproduisirent avec plus ou moins de
bonheur ; parmi eux, nous ne citerons que Jean de Mar-
conville, le Beauceron, qui nous la fait connaître dans
son *Recueil mémorable d'aucuns cas merveilleux* (Paris,
J. Dallier, 1563 et 1564, petit in-8), et notre inimitable
La Fontaine qui l'a rendue populaire par sa fable du
Paysan du Danube. On n'a jamais cité qu'une imitation
en vers du *Paysan du Danube,* antérieure à celle de La

Fontaine, c'était celle indiquée par M. Gr. Duplessis dans le *Bulletin du Bibliophile* de janvier 1835, sous ce titre : *Harangue descripte au Livre doré de Marc-Aurèle, d'un paysant des rivages du Danube, appelé Milène,.....* *nouvellement mis en vers par Gabriel Fourmennois, tournisien* (Utrecht, Sal. de Roy, 1601, petit in-4) ; mais nous voyons que notre Pierre Sorel a précédé de quarante ans Fourmennois de Tournay, et nous allons trouver dans ses vers des traits qui n'auraient pas déparé l'œuvre de notre immortel fabuliste.

Voici d'abord la description du monstre :

> *Ce fut un monstre horrible, effroiable, incongnu,*
> *Dont le corsage fut couvert de peau de chèvre,*
> *Le visage petit, petite main ; la lèvre*
> *Par empoules enflée ; à cheveux-hérissés*
> *De crainte et de terreur en rondeur enlacés ;*
> *Le regard enfoncé, la teste eschevelée.*
> *La couleur en tout point de la chaleur bruslée,*
> *Les sourcis avalés, le front tout renfrongné,*
> *La barbe qui couvroit de son poil mal peigné*
> *Sa face et sa poitrine, au dessus de laquelle*
> *Il avoit mis la peau d'une ourse très cruelle.*

. . . .

Le monstre s'adresse ensuite aux Romains dont il flagelle ainsi le luxe insolent :

Vous vous faites traîner en des coches tremblantes,
Vestus de saions d'or et perles éclatantes,
Tryumphans de l'honneur qui ne vous est point deu
Pour ne nous avoir point de justice rendu :
Nostre sang et nos pleurs en demandent vengeance
Au tonant Jupiter, qui de nostre souffrance,
Le priant, le criant, aura quelque pitié.

. . . .

La mer qui de ses bras enclost tout l'univers
N'est de telle grandeur que vos désirs pervers.

. . . .

Mesmement je verray quelques trouppes en armes
Qui, soulageant nos pleurs, nos sanglots et nos larmes,
Viendront vous saccager en vos propres maisons ;
Et le Dieu qui des cieux entend nos oraisons
En un jour seulement accablera vos testes,
Fouldroyant dessus vous ses fumantes tempestes.

Enfin, le poëte termine par un souhait qui prouve
à quel degré de misère les guerres de religion et les
discordes civiles avaient réduit la France à cette
époque :

Or pleust au Dieu des cieux que dedans ceste France
Un tel monstre survint et y print sa naissance,
Pour faire entendre au roy, prince dessus nous tous,
Et dont le naturel est gracieux et doux,

6

Combien de cruauté en la Gaule séjourne,
Comme toute æquité des François se détourne,
Comme tout le malheur ensemble amoncelé
S'est de l'ombre des grands fièrement affublé.

La seconde partie des œuvres de Pierre Sorel est moins curieuse que la première : c'est d'abord une paraphrase du livre d'Hésiode, *les Travaux et les Jours,* une traduction libre du livre de *la Sagesse de Salomon,* puis des sonnets au Roi sur des victoires de Sa Majesté contre les Turcs, à la Reyne, aux cardinaux de Lorraine et de Châtillon, à la duchesse de Valentinois, etc. Ce qui nous plaît le plus, parmi les pièces fugitives de Sorel, ce sont ses chansons, pour lesquelles il a adopté un rhythme très heureux. En voici une *Sur la recouvrance de Calais par le duc de Guise.*

> *Or sus, or sus, tous François,*
> *Par trois fois*
> *Chantez io sur la plaine,*
> *Et à gosier déployé*
> *Soit crié*
> *Io d'une longue haleine.*
>
> *Car ce grand prince lorrain*
> *Sous sa main*
> *A réduit l'Angloise trouppe,*

Et a vaincu par ses faits
　　De Calais
La double vaguante pouppe.

Ceste ville qu'autrefois
　　Des Anglois
Fut deux cens ans prisonnière,
Aujourd'huy en liberté
　　A esté
Mise par sa main guerrière.

Et pour ce vous, citoiens
　　Anciens,
Retournez-y prendre place,
Chantant tous à haulte voix
　　Par trois fois
Io dedans votre nace.

Mais de ce que l'on rencontre dans Pierre Sorel
quelques vers bien frappés, nous ne voulons pas cependant en conclure que la postérité ait eu le tort de
ne pas le mettre au nombre des auteurs classiques.
Tout en le blâmant, nous ne trouvons point même
étonnant l'oubli qui s'est fait autour de son nom dans
le monde littéraire ; mais notre but étant de faire re-
vivre toute la série de nos poëtes beaucerons, nous aurions jugé impardonnable d'oublier Pierre Sorel. On
a pu voir d'ailleurs, par le peu de vers que nous avons

cités, que le sens poétique ne manquait pas à notre auteur, et il est dans son petit volume plus d'un trait dont chacun pourrait profiter : c'est en ramassant ainsi dans les œuvres de chacun ce qui peut se rencontrer de meilleur, qu'on parvient à se former un lourd bagage, et comme le dit Pierre Sorel :

Le plus petit monceau enfin devient bien grand
Tousjours y adjoustant et que rien on y prend ;
Et celuy par moyen évite la famine
Qui à un tas de bled y adjouste une mine.

16 Juillet 1859.

V

NICOLAS DEBASTE

Mort vers 1630

NICOLAS DEBASTE

Voici encore un Chartrain très peu connu, pour ne pas dire tout à fait inconnu, comme poëte, mais sur lequel du moins nous avons quelques détails biographiques. Les principaux, c'est lui-même qui nous les fournit dans la préface de ses Œuvres, et les autres, nous les avons recueillis dans des titres originaux.

Nicolas Debaste (et non de Baste, comme on l'appelle ordinairement) était d'origine chartraine, mais naquit, vers 1562, à Gallardon où son père était procureur. Après avoir fini ses études, il passa deux ans à Paris comme professeur ; mais trouvant l'état trop précaire, il s'avisa « de quitter telle profession, prévoyant « qu'il lui falloit tousjours tendre et aspirer à un but, « auquel estant fiché, il peust heureusement passer et « vivre le reste de ses jours. » Il partit donc de Paris, et s'achemina vers Orléans pour y étudier le droit, se

rappelant que le chancelier de Cheverny, dont son
père était juge et bailli à Eclimont, lui avait dit que,
quand il aurait étudié en droit, il se retirât par devers
lui et qu'il se chargerait de sa fortune. A peine était-il
à Orléans depuis sept mois, qu'un de ses amis le pressa
vivement de venir enseigner à Rennes, où il pourrait
aussi bien d'ailleurs étudier le droit qu'à Orléans. Debaste partit donc pour cette ville et devint professeur
dans le collège Saint-Thomas où il fut parfaitement
accueilli. Mais, pour se rappeler au souvenir de son
protecteur, il composa des sonnets qu'il dédia au fils
aîné de Philippe Hurault de Cheverny [1], appelant son
petit livre « *Les Passions d'amour,* non, dit-il, que je sois
« bruslé de son feu, mais pour autant que telle sorte
« d'escrire s'addonne plustost à traiter de l'amour que
« d'autre chose. »

La préface du livre de Nicolas Debaste est datée de
Rennes, le 1er janvier 1586. Nous voyons qu'il ne resta
pas longtemps dans cette ville ; car le 15 septembre
1587 il est reçu chanoine de Chartres avec jouissance

---

1. Philippe Hurault de Cheverny, chancelier de France, fut nommé
gouverneur de Chartres, le 1er janvier 1582, en remplacement du
maréchal de Cossé. Il mourut le 30 juillet 1599, et à sa mort, son fils
aîné, Henri, auquel est dédié le livre de Nic. Debaste, devint
lieutenant-général du gouvernement de l'Orléanais.

de la prébende préceptoriale, au lieu et place de Thomas Greizet. Le 12 août 1605, il succède à Jacques Soreau dans la dignité de chambrier du Chapitre. Debaste ne paraît pas avoir été un bon administrateur : du moins, pendant sa gestion, le collège Pocquet perdit sensiblement de son ancienne splendeur. Les études étaient désorganisées ; les élèves désertaient les cours, et Debaste fut forcé de donner sa démission en 1608. Il fut remplacé, le 7 février, par Nicolas Janvier, curé d'Yèvres, comme le témoigne le registre de professions des chanoines, conservé aux Archives d'Eure-et-Loir : c'est donc à tort qu'on l'a fait remplacer dès 1606 par N. Chandelier, auquel aurait succédé, en 1607, N. Vassort ; puis, en 1608, Nicolas Janvier. — Debaste ne conserva alors que sa dignité de chambrier et son canonicat ; et encore, le 6 juin 1626, il résigna ce dernier en faveur de son neveu, Symphorien Debaste, clerc du diocèse de Chartres.

Maintenant que l'homme nous est un peu connu, examinons le poëte pour voir s'il a mérité l'oubli dans lequel on l'a laissé si longtemps. Nous avouons tout d'abord que son style nous paraît très mauvais et même singulièrement plat, au moins dans ses *Passions d'amour,* platitude qui cependant n'est pas le défaut de l'époque : mais aussi quoi de plus triste que d'être

obligé de se battre les flancs pour peindre une passion
qu'on n'a jamais ressentie ? Quelle erreur plus gros-
sière que de se croire forcé, parce qu'on écrit des vers,
de ne parler que de Cupidon et de ses flèches, de Vé-
nus et de Cythère ? Ordinairement encore l'illusion
nous reste ; nous pensons que l'auteur a véritablement
senti ce qu'il éprouve ; nous nous intéressons à lui et à
ses tourments, et nous oublions ses mauvais vers pour
ne voir que sa personne. Mais Debaste était clerc ; il
sent donc le besoin de se justifier d'un prétendu amour
qu'il n'avait jamais éprouvé, et il adresse à son père
une élégie qui nous enlève pour lui toute indulgence :

> Mon père, je ne suis tel que chante mon livre ;
> J'ai l'esprit, Dieu merci, de Cupidon délivre,
> Afin que ne pensiez que je passe mes ans
> A chanter de l'amour les jeux et passe-temps ;
> C'est le moindre vautour que je sens qui me ronge,
> C'est le moindre subject où je pense et je songe...
>
> . . . .
>
> Ne pensez, je vous pri', que ce dieu Cupidon
> M'ait si fort enflammé de son sacré brandon ;
> Ne pensez que son arc, ou son traict, ou sa flèche
> De retourner vers vous me retarde et m'empesche.

Nous ne sommes donc pas tenté de regretter beaucoup la rareté des exemplaires des poésies de notre

auteur : cependant nous croirions injuste de ne pas le mentionner parmi nos poètes beaucerons, d'autant qu'il a quelquefois des éclairs de génie poétique, ne fût-ce que ce quatrain, qui a certainement inspiré Victor Hugo :

> *Si j'estois Juppiter, je vous ferois Junon ;*
> *Si j'estois quelque dieu, vous seriez ma déesse ;*
> *Ou si prince j'estois, vous seriez ma princesse,*
> *Et si j'estois Enée, vous seriez ma Didon.*

Son livre est intitulé : *Les* PASSIONS D'AMOUR *de* NICOLAS DEBASTE, *chartrain, à monsieur d'Esclimont, fils aisné de Monseigneur de Chiverny, chancelier de France. Plus les Mélanges de Carmes latins et françois, à Monsieur Ligier, sieur de Lauconières, conseiller-secrétaire du Roy. A Rouen, chez Thomas Mallard, près le Palais, à l'Homme-Armé.*

En tête des *Passions d'Amour* se trouve cet envoi, à M. d'Eclimont :

> *Or donc, Monsieur, je vous offre ce don*
> *Que m'a donné cest archier Cupidon,*
> *Lorsque j'estois demeurant en Bretagne,*
> *Où bien souvent, par la verte campagne,*
> *Je rencontrois, quasi presque toujours,*
> *En mon chemin la déesse d'amours,*

Qui me contoit de la cruelle guerre
Que son fils faict au ciel et en la terre,
Laquelle enfin me dist, en me blessant,
Qu'à vous tout seul j'offrisse ce présent.

Parmi les sonnets dont se compose presque exclusivement cette première partie, en voici un qui mérite peut-être d'être conservé :

Maistresse, cependant que la fleur de vostre aage
S'espand tout à l'entour de ce mortel pourpris,
Cueillons la, je vous pri', par passe-temps et ris,
Et molissez un peu vers moy vostre courage.

Le monde où nous vivons, las ! ce n'est qu'un passage,
Où il n'y a que pleurs, que douleurs et souspirs,
Desquels le plus souvent je me pais et nourris
Lorsque je sens d'amour mon cœur forcé de rage.

Or, mignonne, cueillons ce bouton florissant :
Cependant que nos cœurs l'amour va nourrissant,
Endurez, je vous pri', que je cueille la rose,

Qui de sa douce odeur embasme mes esprits,
Par laquelle je fus en ma jeunesse pris,
Jeunesse que de pleurs et de larmes j'arrose.

La seconde partie du livre de Nicolas Debaste, *les*

Mélanges de Carmes latins et françois, commence par un second titre, puis par une préface à M. Ligier, seigneur de Lauconniére, datée aussi de Rennes, le 1ᵉʳ janvier 1586. Ce sont des sonnets, des épigrammes et des élégies adressés à M. Hennequin[1], évêque de Rennes ; à M. Réné de Bourgneuf, conseiller au privé conseil du Roi, premier président de Bretagne et seigneur de Cucé ; à M. Méneult, sénéchal de Rennes ; à M. de Mynneray[2], président au siège présidial de Chartres ; à M. Symon[3], lieutenant-général de Chartres ; à M. le lieutenant particulier de Chartres ; à M. Chaillou[4], avocat du roi à Chartres ; à M. Goulet[5], procureur du roi à Chartres ; à M. Robert, conseiller à Chartres ; à M. Robert[6], prévôt de Chartres ; à MM. de Booz et Godefroy Marchant, avocats au parlement de Bretagne ;

1. Aimar Hennequin, évêque de Rennes, de 1573 à 1596.

2. Pierre de Mineray, fils de Jean de Mineray, lieutenant-général du bailliage de Chartres, de 1565 à 1577.

3. Pierre Symon, lieutenant-général du bailliage, de 1577 à 1587.

4. Léonard Chaillou, second avocat du roi, renvoyé de Chartres, en 1562, comme suspect d'hérésie.

5. Nicolas Goulet, procureur du roi, de 1578 à 1598 : c'est le même qui composa une épigramme latine à l'occasion de la rédaction de la coutume du Grand-Perche.

6. Gui Robert, prévôt de Chartres. Suivant M. de Lépinois, Robert ne serait devenu prévôt qu'en 1589, et aurait rempli cette charge jusqu'en 1615.

à M. Charpentier, docteur en théologie et théologal de
l'église de Chartres ; à M. Loret, chanoine de Chartres
et prieur de Gallardon ; à M. Bonneaux, chanoine de
Chartres.

Dans ces trois dernières pièces, Nicolas Debaste est
beaucoup plus sur son terrain ; on voit qu'il sent ce
qu'il dit, et ses vers deviennent parfois fort passables.
Dans son élégie à M. Charpentier, le poète « dé-
« monstre comme l'église apostolique et romaine a
« tousjours remporté victoire de ses ennemis. »

> *Las ! c'est en vain, idolâtre hérétique,*
> *Qu'as prins la peau d'un regnard politique*
> *Pour massacrer la fille de Sion,*
> *Nostre salut, nostre rédemption.*
> *Tes vains efforts, tes lasches entreprises,*
> *Tes grands assauts, tes subtiles surprises,*
> *Tes beaux conseils ont trop peu de moyens*
> *Pour assopir la race des chrestiens.*

L'élégie à M. Loret a pour but « de prouver contre
« les ministres comme saint Pierre a esté première-
« ment pape et séant à Rome. » En voici la pérorai-
son :

> *Permets, mon Dieu, que les flots agitez*
> *Par la rigueur des grands vents irritez,*

N'aillent rompants de leur tempeste forte
De ta maison la plus fidelle porte.
Toy qui Coré, Dathan et Abiron
As foudroyé tous vifs dans le giron
Des eaux souffrées, leur donnant récompense
De leur orgueil et punissable offense,
Abisme, abisme aux fleuves infernaux
Les cœurs damnez des maudits Huguenots.
O Tout-Puissant, envoye ton saint ange
En nostre France, à cell' fin qu'il vendange,
Comme raisins, ces ministres menteurs.

Enfin nous citerons encore quelques passages de l'élégie à M. Bonneaux, dans laquelle Debaste « déplore « le massacre, duquel les Huguenots ont usé en la per- « sonne des ecclésiastiques, et comme aussi ils ont « bruslé beaucoup de temples. »

Nos yeux ont veu les bourgades champestres
Rouges du sang de nos fidelles prestres,
Les uns couchez sur le sable estendus,
Les autres morts, attachez et pendus
Au saint portail de quelque sacré temple.
Nos yeux ont veu que cinq ou six, ensemble
Bien garotez, estoient de quelque mont
Précipitez de la mer au profond.

. . . .

Où estes-vous, pleins de toutes bontez,
Charles, François, aux grands cœurs indomptez,

Qui, durs guerriers, sauvant nos Républiques,
Avez rompu l'effort des hérétiques ?
Esjouissez-vous de nous avoir laissé
Henry, qui a leur effort abaissé ;
Qui ce jourd'huy d'une divine grâce
A effacé cette maudite race ;
Qui ce jourd'huy d'un bras victorieux
(Se ressentant du cœur de ses ayeuls)
A déchassé du giron de la France
Ce peuple infait et plein d'outrecuidance.

.   .   .   .

Sus, sus, soldars, foudroyons ceste race ;
Qu'il ne soit plus aucun vestige et trace
Des Huguenots ; ils ont assez vescu.
Or il est temps que Bèze soit vaincu,
Et que la mort vienne pour le surprendre,
Pour aux enfers l'estrangler et le pendre.

6 Août 1859.

VI

PIERRE SABLON

Né en 1584, mort vers 1650

PIERRE SABLON

Les œuvres poétiques de Pierre Sablon sont bien peu de chose, elles se réduisent à environ 500 vers, et la mince plaquette dans laquelle elles sont renfermées ne paraît d'abord présenter rien de fort séduisant ; et cependant nous y rencontrons, pour l'histoire de nos poètes beaucerons, plus de renseignements que dans de gros et longs volumes.

Et d'abord, quel est ce Pierre Sablon, qui se qualifie dans le titre de son livre de *conseiller du roy, eslcu en l'eslection de Chartres?* Il est facile de répondre à cette question. Nous trouvons en effet, sur la paroisse de Saint-Aignan, cette mention au 22 septembre 1584 : « Fut baptisé Pierre, fils de sire Marin Sablon, drap- « pier, et de Magdeleine Choedieu, sa femme. Les « parreins sont honnorables hommes Pierre Mahon, « orphévre, et Crespin Leclerc, mᵉ mercier ; la mareine

« est Katherine Estienne, femme de Jehan Langlois ».
Il est vrai que rien ne prouve jusque-là que ce soit bien
notre auteur qui naquit en cette année : M. de Lépinois (*Hist. de Chartres,* t. II, p. 471) s'est déjà emparé
de notre acte de baptême pour un Pierre Sablon,
graveur, qu'il distingue de notre poëte, quoique ce
soit bien le même individu [1]. Les preuves ne nous
manquent pas pour authentiquer ce que nous avançons,
et nous les tirons soit des registres de l'état-civil, soit
du livre même que nous examinons.

Le 19 janvier 1609, nous rencontrons, toujours sur
la paroisse de Saint-Aignan, le baptême de Françoise
Sablon, fille de honneste homme Pierre Sablon et de
Marie Sedillot. Or, au commencement des œuvres de

---

[1] De l'œuvre de Pierre Sablon comme graveur, nous connaissons
trois pièces authentiques : une copie de l'estampe de Lucas de Leyde
représentant Lamech et Caïn (1602) ; un portrait de Rabelais ; un
portrait de lui-même. On lit autour de ce dernier : *Pierre Sablon,
chartrain, XXIII ans,* 1607, et au-dessous, ces vers :

> *Me contemplant un jour en deux diverses glaces,*
> *Je veis le mien profil despeinct naïvement :*
> *Lors je délibéré en moy soudainement*
> *De graver ce pourtraict dont vous voyez les traces.*

Le graveur avait précédé le poëte, puisque Sablon n'avait que dix-
huit ans lorsqu'il fit sa gravure de Lamech et Çaïn, et que les premiers vers que nous connaissions de lui sont ceux placés au bas de
son portrait.

Pierre Sablon, nous lisons ces vers signés par P. Sedillot, vicomte de Nogent-le-Roi :

> Frère, *j'approuve tes escrits*
> *Faits en l'honneur de nos Augustes,*
> *Ils marquent leurs gestes de pris*
> *Et si ne taisent les injustes.*

Ce P. Sedillot était donc bien le beau-frère de notre
poète, et c'est ce même Pierre Sedillot, avocat au bailliage et siège présidial de Chartres, qui servit de
parrain à son second enfant, Pierre Sablon, baptisé le
23 août 1612. Les œuvres de Pierre Sablon furent publiées en 1631 ; son fils avait donc alors 18 ou 19 ans,
et nous voyons qu'en effet il fréquentait à cette époque
le collége Pocquet où il finissait sans doute ses études.
L'auteur ayant adressé ces vers à Me Martin, principal
du collége [1], pour lui redemander son œuvre,

> *Mon docte Martin, je désire*
> *Que vous me rendiez mes quatrains ;*
> *Car véritablement je crains*
> *Qu'aucuns y trouvent à redire.*

---

1. Michel Martin était principal du collége depuis l'année 1618.
M. de Lépinois le fait remplacer dès 1622 par Méen Andrieux ; c'est
certainement une erreur.

le principal lui répondit sur-le-champ :

Par vostre fils *je vous renvoye*
Vos autres fils que je chéris :
Faites en part aux bons esprits,
Ils méritent bien qu'on les voye.

On dira qu'il y a grand peine
A joindre les faits et les ans,
Que les poètes courtisans
Y verroient tost faillir leur veine.

Sablon, pour mon regard, j'avoue
Que je n'en sçaurois faire autant :
Un autre en doit estre content
Puisque de bon cœur je les loue.

Le jeune écolier lui-même nous est connu par un quatrain, en latin et en français, qu'il adressa à son père. Les vers latins sont un peu tourmentés et bien dignes d'un rhétoricien d'alors; mais la traduction pourrait figurer dans une Anthologie française.

Grandi me, genitor, devinctum nomine credo
Istum qui fratrem feceris esse mihi :
Par tibi nostra, precor, possit retulisse camœna
Teque mei fœtus reddere possit avum.

Mon père, je vous suis grandement redevable
De ce que vous m'avez d'un tel frère pourveu :
Puisse ma Muse un jour vous rendre le semblable
En vous faisant l'ayeul d'un aussi bon neveu.

Comme on le voit, tout se rapporte parfaitement à notre Pierre Sablon. Reste à expliquer comment lui, qui dans tous ces actes est qualifié de marchand drapier, peut être le même que le poëte qui s'intitule conseiller du roi et élu en l'élection de Chartres. Le 4 juin 1615, à la naissance de Jacques, son second fils, il apparaît encore comme marchand; mais le 20 avril 1628, nous trouvons le baptême de Nicolas Sablon, fils de Pierre Sablon, *esleu pour le roy,* et de Marie Sedillot. Aucun doute n'est donc plus permis sur l'identité des deux personnages, le drapier et le conseiller du roi.

Maintenant que l'origine chartraine de Pierre Sablon est bien démontrée, examinons rapidement son ouvrage.

Il est intitulé : ABRÉGÉ DE L'HISTOIRE DES ROYS DE FRANCE, *depuis Pharamond jusques à Louis XIII de ce nom, dit le Juste, à présent régnant, par* PIERRE SABLON, *conseiller du roy, esleu en l'eslection de Chartres, dédié au roy et par luy présenté à Sa Majesté. A Paris, par Robert Sara, rue de la Harpe, au Bras d'Hercule, MDCXXXI.* Pierre Sablon a essayé d'analyser en quatre vers les principaux faits de chaque règne : comme on le voit, ce n'est pas de nos jours seulement que cette idée est passée par la tête des faiseurs de rébus et de charades pour les papillotes des confiseurs ; mais en vérité les vers de Sablon valent bien ceux de M. Le Ragois, ou du P. Loriquet : nous allons en juger tout à l'heure.

Le poète commence par ce quatrain à son imprimeur :

> *Pour éviter des médisans*
> *Les discours vains et ridicules,*
> *Prends bien garde aux points et virgules,*
> *Et surtout aux chiffres des ans.*

Puis viennent ensuite les divers compliments rimés adressés au poète sur son œuvre ; nous avons déjà cité ceux du chanoine Martin et de Pierre Sedillot, nous en mentionnerons encore deux, partis d'hommes connus, l'un dans l'histoire locale de notre province, l'autre dans l'histoire générale de la littérature française.

> *Nostre Sablon chartrain s'est fait inimitable*
> *Aux racourcissements de ce petit tableau ;*
> *Il y dépeint si bien des traits de son pinceau*
> *Les succès de nos Roys qu'il se rend admirable.*
>
>   J. GUEAU.

. . . .

> *Que le peuple indien n'aille plus tant prisant*
> *De son Pactole cher le sablon reluisant,*

Ny le fier Portugais celuy du riche Tage ;
Car l'Eure en son Sablon *brille bien davantage,*
Et luy doivent sans doute, avec tout leur bel or,
Cedder le Tage mesme et le Pactole encor.

FR. DE SAINT-MARTHE, Paris.

Voyons maintenant quels sont ces vers qui méri-
tèrent de telles louanges de la part des hommes même
les plus érudits : nous ne citerons, parmi les portraits
des premiers de nos rois, que celui d'Eudes, qui nous
donnera lieu de faire remarquer la science du poëte,
mais nous publions tous ceux postérieurs à Charles V,
que nous croyons dignes d'être connus.

EUDES.

888.

Eudes, le petit-fils de Vuidichind de Saxe [1],
Quoyqu'il sceust bien conduire un peuple destrement,
Est rebutté de tous : on le blâme, on le taxe ;
Et laisse après huict ans son beau gouvernement.

1. C'est depuis la découverte de la Chronique de Richer, vers
1840, qu'on a repris le système qui fait remonter l'origine de la maison
capétienne au Saxon Witikind. On voit, par les vers de Sablon, que
cette prétendue généalogie était adoptée bien avant la découverte des
Mémoires de Richer.

CHARLES V, DIT LE SAGE.

1364.

Trois lustres douze mois règne Charles le Sage :
La Rochelle se rend : veut que soit souverain
Son fils à quatorze ans, le poison l'endommage ;
Bâtit les Célestins, le Louvre et Sainct-Germain.

CHARLES VI.

1380.

Charles à Rosebecque est vainqueur d'Artevelle ;
Perd l'esprit, voit régnant quarante-deux hyvers :
L'Anglois, au lieu du fils, admis par Ysabelle ;
Louys occis par Jean, qui a pareil revers.

CHARLES VII.

1422.

Huit lustres, un an peu, son fils Charles domine,
A son commencement roy de Bourges nommé ;
Jeanne part d'Orléans et à Rheims l'achemine ;
N'ayant plus que Calais, l'Anglois fort diffamé.

Louis XI.

1461.

Cinq lustres, deux ans moins, règne Louis unzième,
Qui n'alloit ses conseils qu'à lui seul confiant ;
Conserve, malgré quatre, entier son diadème ;
Chaste, dissimulé, vigilant, méfiant.

Charles VIII.

1483.

Charles règne quinze ans, épouse Anne Bretonne ;
Au sceptre des François il conjoint sa duché ;
Tous les princes liguez d'Italie il estonne ;
Perd Naples, qui l'avoit si long-temps empesché.

Louys XII.

1498.

Louys sied trois ans moins d'une double dizaine ;
Père du peuple, il fait beaucoup de bonnes lois ;
Gennes avec Milan il joint à son domaine,
Et Naples et Navarre au sien l'Arragonnois.

FRANÇOIS Ier.

1515.

François vingt-sept ans règne et une olympiade ;
Luy, l'Anglois, l'Empereur s'entre-vont harrassans ;
Est pris devant Pavie : on presche la croisade ;
Rome pris ; Borbon mort ; les arts sont florissans.

HENRY II.

1547.

Henry Montmorency reprend pour connestable ;
Metz et Calais rendus ; luthériens bruslez.
Le roy suit Charles-Quint, mais de mort lamentable,
S'estans presque douze ans en son règne écoulez.

FRANÇOIS II.

1559.

François est possédé du tout par Catherine,
Laquelle entretenoit Bourbons et Guisciens :
Protestans malmenez ; dix-sept mois il domine :
Le prince de Condé survit à ses liens.

Charles IX.

1560.

D'un et d'autre party maintes villes sont prises;
Charles règne quinze ans, un an moins et demy ,
Le duc de Guise occis; meurtres, débris d'églises;
Mort du prince à Jarnac ; la Sainct-Barthélemy.

Henry III.

1574.

Henry règne perplex trois lustres moins deux lunes;
La Ligue le barique à Paris dont il sort ;
A Blois des trois Estats oit les plaintes communes;
S'y défait des Lorrains, puis reçoit tost la mort.

Henry IV, dit le Grand.

1589.

Henry le Grand s'acquiert le sceptre par sa lance;
Par Nicolas de Thou dans Chartres est sacré ;
Vainc tous ses ennemis, voit du sort l'inconstance;
Est vingt ans et dix mois au suprême degré.

Louys XIII, dit le Juste.

1610.

Louys des ennemis réprime l'insolence ;
Sur le rebelle il prend ses villes et citez ;
La Rochelle rendue éprouve sa clémence,
Et tous ses justes faits partout sont récitez.

18 Août 1860.

VII

PHILIPPE DESPORTES

1546-1606

PHILIPPE DESPORTES

Le poëte dont nous allons tenter d'écrire la biographie est sans contredit un des plus célèbres parmi ceux qu'a produits la Beauce. Bien qu'il n'ait pas possédé le génie poétique à un degré aussi élevé que son neveu Régnier, Philippe Desportes eut pendant longtemps une bien autre réputation que l'auteur des *Satires*, et il sut tirer un parti beaucoup plus utile pour lui des dons que la nature lui avait accordés.

Philippe Desportes naquit, en 1546, à Chartres, du légitime mariage de Philippe Desportes et de Marie Edeline [1]. Ses parents appartenaient à la bonne bourgeoisie

1. L'assertion des auteurs du *Gallia Christiana* qui font un bâtard de Philippe Desportes est certainement erronée. Voici ce qu'en disent les savants bénédictins : *Philippus Desportes, poeta regius, filius nothus Philippi Desportes, clerici Carnotensis, et Mariæ de Laitre, Rothomagensis* (T. VIII, p. 1268); mais nous ignorons complètement

chartraine et avaient une certaine aisance qui leur permit
de donner une éducation savante à leurs deux fils et de
marier convenablement leurs six filles. Philippe, lorsqu'il eut achevé ses études à Chartres, fut envoyé à
Paris chez un procureur. Malheureusement, le jeune
clerc possédait déjà cette humeur galante, à laquelle il
dut en grande partie sa fortune : il sut plaire à la
femme de son patron, mais celui-ci ne tarda pas à
découvrir le mystère, et un beau jour que Philippe
était allé en course, il trouva en revenant ses hardes
pendues au maillet de la porte, avec une invitation du
procureur de ne plus avoir à remettre les pieds chez
lui.

Notre pauvre clerc fut bien désolé : il craignait
fort les remontrances de son père, car l'autorité pater-
nelle alors était plus respectée qu'aujourd'hui ; le

---

d'où a pu leur venir cette croyance. La première fois que nous
voyons mentionné Philippe Desportes, la légitimité et l'honorabilité de
sa naissance sont parfaitement démontrées : nous voulons parler d'un
acte du 29 janvier 1562. Son père, à titre de possesseur du fief de la
Mairie de Serazereux, était obligé d'aller garder le champ clos dans
la cour du monastère de Coulombs, pour y maintenir l'ordre le jour de
la Joute aux coqs (2 février). Philippe Desportes le père étant mort
en 1561, Philippe, son fils aîné, devait remplir le devoir féodal attaché
à la possession du fief de la Mairie de Serazereux ; mais il était alors
mineur, et sa mère, Marie Edeline, par l'acte du 29 janvier 1562,
constitue des procureurs pour accomplir son office.

métier de procureur ne lui convenait d'ailleurs qu'à demi. Il résolut d'échapper d'un seul coup à l'ennui de gratter du papier et à la crainte des sévérités paternelles : il fit un coup de tête et partit pour Avignon où la Cour se trouvait en ce moment. La bonne étoile de Philippe ne l'abandonna pas : à peine arrivé, il apprend qu'Antoine de Senneterre, évêque du Puy, a besoin d'un secrétaire ; il va chez ce prélat sans autre recommandation que sa physionomie intelligente ; il a le bonheur de lui plaire, et le voilà aussitôt installé dans une excellente maison, près d'un des évêques les plus riches et les plus influents du royaume.

Desportes put dès lors se livrer à son goût pour la poésie, dont tout jeune encore il avait déjà donné des preuves. C'est pendant son séjour à Avignon, alors qu'il avait à peine vingt ans, qu'il composa sa belle ode *contre une nuict bien claire* :

> *O nuict, jalouse nuict, contre moy conjurée !*
> *Qui renflammes le ciel de nouvelle clarté,*
> *T'ay-je donc aujourd'huy tant de fois désirée*
> *Pour estre si contraire à ma félicité ?*

Nous avons déjà parlé dans notre biographie de Régnier de l'immense succès qu'obtint cette ode pendant plus d'un siècle : le premier vers de Des-

portes passa en proverbe, preuve indubitable du mérite
d'un ouvrage et de l'accueil que le public lui a fait.

Au reste, le séjour de notre poète à Avignon ne
fut pas de longue durée : il partit bientôt pour Rome
à la suite de son protecteur. Là, il se familiarisa avec
les poésies de Pétrarque, de l'Arioste, du Bembo qu'il
imita plus tard avec une trop grande fidélité. Là aussi,
sans doute, il s'abandonna plus librement à son naturel
ardent et passionné qu'il nous a si souvent décrit dans
ses vers. Les tièdes affections, dit-il, ne pouvaient lui
plaire ; il lui faut des cris, des serments, des trans-
ports, des fureurs ; la volupté doit fondre sur lui
comme un orage.

> Qu'on ne me prenne pas pour aimer tièdement,
> Pour garder ma raison, pour avoir l'âme saine ;
> Si, comme une bacchante, amour ne me pourmène,
> Je refuse le titre et l'honneur d'un amant.
> Je veux toutes les nuicts soupirer en dormant,
> Je veux ne trouver rien si plaisant que ma peine,
> N'avoir goutte de sang qui d'amour ne soit pleine,
> Et, sans savoir pourquoy, me plaindre incessamment.
> Mon cœur me déplairoit, s'il n'étoit tout de flamme,
> L'air et le mal d'amour autrement n'ont point d'âme.
> Amour est un enfant sans prudence et sans yeux :
> Trop d'avis et d'égard sied mal à sa jeunesse.
> Aux conseillers d'Etat je laisse la sagesse,
> Pour m'en servir comme eux, lorsque je serai vieux.

La même ardeur qu'il apportait dans ses amours se retrouve dans ses amitiés de jeunesse. Il s'était lié de la manière la plus intime avec un homme un peu plus jeune que lui, mais qui occupait déjà une haute position, Claude de Laubespine, fils du célèbre ministre Claude de Laubespine, et qui, grâce à la faveur de son père, était devenu secrétaire des commandements du roi Charles IX. Ce jeune homme vint à mourir prématurément en 1570, et Desportes fut si touché de son trépas que peu s'en fallut qu'il ne le suivît lui-même dans la tombe : au moins fut-il forcé de garder le lit pendant six mois, et cette maladie, qui le mena aux portes du tombeau, nous a valu quelques-unes de ces belles prières qui forment le début de ses *œuvres chrétiennes*. La mort de son ami lui causait un chagrin si violent qu'il supplie Dieu de lui en pardonner l'excès. « Toi-même, lui dit-il, ô souverain, ô notre unique modéle, tu n'as pu te défendre de ces angoisses : quand tu vis Lazare couché dans le drap funèbre, tu ne pus retenir tes larmes, et un simple mortel fut pleuré de celui que chantent les séraphins, devant lequel tremblent les cieux. »

Enfin, la jeunesse l'emporta sur la douleur, et Desportes, guéri de cette cruelle maladie, reprit auprès du ministre de Villeroy la place de secrétaire

intime qu'il avait due à l'amitié de Claude de Laubespine. Le jeune poète avait su d'ailleurs, par son caractère conciliant, s'attirer les bonnes grâces de la cour
de Charles IX. Le duc d'Anjou et le roi lui-même le
voyaient d'un fort bon œil, et il ne tint qu'à lui d'avoir
la survivance de son ami dans la place de secrétaire
des commandements. Mais Philippe aimait mieux la
liberté, et il se sentait entraîné par un désir immodéré
de rimer, désir qu'auraient souvent contrarié les fonctions qu'il aurait eu à remplir auprès du roi.

Hélas ! nous sommes forcé de dire que souvent
ce désir de rimer ne s'exerçait pas sur de nobles
sujets. Le roi et le duc d'Anjou trouvèrent dans
Philippe Desportes un entremetteur trop facile pour
leurs amours clandestins : c'est à lui que Charles IX
vint demander des stances pour se réconcilier avec la
belle Marie Touchet, sa maîtresse ; ce sont les amours
de Henri d'Anjou et de la princesse de Condé que
célèbre Desportes sous les noms d'Eurylas et d'Olympe
au livre II de ses *Elégies*.

Il faut avouer pourtant qu'en même temps il abor-
dait des poèmes plus sérieux : ainsi, en 1572, il fit
paraître à la fois son *Roland furieux* dont il fit hommage
à Charles IX, *Angélique et Médor* qu'il dédia au duc
d'Anjou, enfin la *Mort de Rodomont* qu'il plaça sous les

auspices du marquis de Villeroy. Ce dernier poème surtout fut accepté avec la plus grande faveur. Charles IX donna à l'auteur huit cents couronnes d'or, plus d'une couronne par vers, car le poème n'en contient que sept cent vingt-deux.

C'était un assez beau présent, mais le duc d'Anjou se montra plus libéral encore quand il fit don à son poète de trente mille livres comptant pour deux sonnets composés en l'honneur de sa nouvelle maîtresse, Renée de Rieux, dite la belle Châteauneuf. Ce ne sont pas les meilleurs de Philippe Desportes, mais l'un d'eux surtout est resté célèbre à cause de l'enthousiasme qu'il inspirait à Henri d'Anjou qui ne pouvait se lasser de l'entendre. .

> *Beaux nœux crespés et blonds nonchalamment espars,*
> *Dont le vainqueur des Dieux s'emprisonne et se lie ;*
> *Front de marbre vivant, table claire et polie,*
> *Où les petits amours vont aiguisant leurs dars ;*
>
> *Espais monceau de neige aveuglant les regars,*
> *Pour qui de tout objet mon œil se désallie ;*
> *Et toy, guerrière main de ma prise embellie,*
> *Qui peut, nue, acquérir la victoire de Mars ;*
>
> *Yeux pleurans à la foi tant d'aise et de martire,*
> *Sousris par qui l'amour entretient son empire,*
> *Voix dont le son demeure au cœur si longuement ;*

Esprit par qui le fer de nostre âge se dore,
Beautez, graces, discours, qui m'allez transformant,
Las ! connoissez-vous point comme je vous adore ?

Dès lors, Philippe Desportes, gagné par la libéralité de son protecteur, s'attacha étroitement à la personne du duc d'Anjou, à qui il demeura fidèle même après sa mort. Il ne le suivit pas au siège de La Rochelle en 1573, mais c'est que lui-même était occupé à préparer la première édition de ses œuvres. D'ailleurs, il entretenait une correspondance suivie avec ce prince, et lorsqu'Henri eut été élu roi de Pologne, il ne fit point de difficulté de partir avec lui pour cet exil, malgré tous les regrets qu'il éprouvait d'abandonner Paris.

Avant son départ, il avait fait paraître, comme nous venons de le dire, le recueil de ses œuvres. Le privilège est du 28 juillet 1573. Cette première édition, de format in-4°, éclipse par son luxe toutes celles qui virent le jour plus tard. Elle offre cela de curieux qu'elle renferme toutes les œuvres capitales de notre poète, sauf un très petit nombre de morceaux : il y manque les *Amours de Cléonice,* le deuxième livre des *Elégies,* quelques pièces détachées ; mais on y trouve ses meilleurs sonnets, ses plus belles chansons, ses peintures de la campagne les mieux touchées, son éloquente diatribe contre le mariage. A vingt-sept ans, Desportes avait donc parcouru presque toute sa carrière poétique.

La vue de la Pologne et les mœurs des Polonais ne diminuèrent point le chagrin que Philippe avait éprouvé en quittant la France : malgré tous les témoignages d'affection du jeune roi, le poète fut pris du mal du pays, et, au bout de neuf mois, il obtint enfin d'Henri la permission de retourner momentanément en France. Il s'empressa de profiter de cette permission, et abandonna Varsovie en lançant à la Pologne des adieux foudroyants qui sont certainement une de ses meilleures pièces.

Adieu, Poloigne, adieu, plaines désertes,
Toujours de neige et de glace couvertes,
Adieu, pays, d'un éternel adieu !
Ton air, tes mœurs, m'ont si fort sceu desplaire,
Qu'il faudra bien que tout me soit contraire,
Si jamais plus je retourne en ce lieu.

Adieu, maisons d'admirable structure,
Poisles, adieu, qui dans vostre closture
Mille animaux pesle-mesle entassez,
Filles, garçons, veaux et bœufs tout ensemble !
Un tel mesnage à l'âge d'or ressemble,
Tant regretté par les siècles passez.

Quoy qu'on me dist de vos mœurs inciviles,
De vos habits, de vos meschantes villes,
De vos esprits pleins de légèreté,
Sarmates fiers, je n'en voulois rien croire,
Ny ne pensoys que vous peussiez tant boire ;
L'eussé-je creu sans y avoir esté ?

Barbare peuple, arrogant et volage,
Vanteur, causeur, n'ayant rien que langage,
Qui, jour et nuict dans un poisle enfermé,
Pour tout plaisir se joue avec un verre,
Ronfle à la table ou s'endort sur la terre,
Puis comme un Mars veut estre renommé.

Ce ne sont pas vos grand's lances creusées,
Vos peaux de loup, vos armes desguisées,
Où maint plumage et mainte aile s'estend,
Vos bras charnus ny vos traits redoutables,
Lourds Polonnois, qui vous font indomtables ;
La pauvreté seulement vous deffend.

Si vostre terre estoit mieux cultivée,
Que l'air fust doux, qu'elle fust abreuvée
De clairs ruisseaux, riche en bonnes citez,
En marchandise, en profondes rivières,
Qu'elle eust des vins, des ports et des minières,
Vous ne seriez si longtems indomtez.

Les Othomans, dont l'âme est si hardie,
Aiment mieux Cypre ou la belle Candie,
Que vos déserts presque toujours glacez ;
Et l'Alemand, qui les guerres demande,
Vous dédaignant, court la terre Flamande,
Où ses labeurs sont mieux récompensez.

Neuf mois entiers pour complaire à mon maistre,
Le grand Henry, que le ciel a fait naistre
Comme un bel astre aux humains flamboyant,
Pour ce désert j'ay la France laissée,
Y consumant ma pauvre âme blessée,
Sans nul confort, sinon qu'en le voyant.

Fasse le ciel que ce valeureux prince
Soit bientost roy de quelque autre province,
Riche de gens, de citez et d'avoir ;
Que quelque jour à l'empire il parvienne,
Et que jamais icy je ne revienne,
Bien que mon cœur soit brûlant de le voir.

Le souhait exprimé par Desportes dans la dernière strophe de ses adieux à la Pologne devait être réalisé plus tôt qu'il ne le pensait. Il venait à peine de partir qu'une estafette arriva à la cour d'Henri, annonçant que Charles IX était mort le 30 mai 1574. On connaît assez l'histoire de l'évasion de Henri III pour que nous n'ayons pas besoin de la raconter de nouveau. Desportes reprit auprès du roi de France le rôle de poète favori qu'il avait exercé près du duc d'Anjou et du roi de Pologne.

Mais Deportes n'avait plus la jeunesse pour excuse : il savait parfaitement ce qu'il faisait en célébrant les Quélus et les Saint-Mégrin : s'il avilissait ainsi son talent, ce n'était que pour ménager sa fortune et pour conserver la faveur royale. Lui-même nous l'apprend dans un sonnet qui mérite d'être cité comme nous peignant de la manière la plus fidèle les sentiments du poète :

Cette fureur d'amour, de raison la maîtresse,
Aveugle, impatiente et qu'on ne peut cacher,
Veiller, pleurer, jurer, s'appaiser, se fâcher,
Lettres, faveurs, regards, ce sont tours de jeunesse.

J'en ai fait le voyage, et faut que je confesse
Que jamais jeune cœur ne se vit mieux toucher ;
Et n'eusse jamais cru qu'on me put arracher
L'aiguillon qui, dix ans, m'a tourmenté sans cesse.

Mais six lustres si tôt n'ont mon âge borné
Que du chemin passé je me suis détourné,
Tout honteux que si tard j'aie été variable ;

Et dis, quand de quelqu'une à tort je suis repris :
« Qu'amour à l'homme mûr n'est que perte et mépris,
Au lieu que sa folie au jeune est profitable. »

Au reste, les bassesses de Desportes ne furent pas
perdues pour lui : le duc de Joyeuse, principal favori
du roi, le prit en affection particulière et le combla de
bienfaits. Pour un sonnet, il lui donna l'abbaye d'Au-
rillac[1] que Desportes échangea plus tard pour celle
des Vaux de Cernay. En 1583, Henri III y ajouta
l'abbaye de Tiron, qui rapportait neuf ou dix mille livres
de revenu. La même année, le 31 mai, Desportes obtint
un canonicat dans l'église de Chartres[2] ; mais comme les
règlements de cette église étaient sévèrement exécutés et
obligeaient à la résidence, il échangea ce canonicat

---

1. En racontant ce fait dans ses *Entretiens,* Balzac ajoute: « Dans
cette même cour où l'on exerçoit de ces libéralités, où l'on faisoit de
ces fortunes, plusieurs poètes étoient morts de faim, sans compter les
orateurs et les historiens, dont le destin ne fut pas meilleur. Dans la
même cour, Torquato Tasso a eu besoin d'un écu et l'a demandé par
aumône à une dame de sa connoissance. Il rapporta en Italie l'habil-
lement qu'il avoit apporté en France, après y avoir fait un an de séjour. Et toutefois je m'assure qu'il n'y a point de stance de Torquato
Tasso qui ne vaille autant, pour le moins, que le sonnet qui valut à
Desportes une abbaye. »

2. Philippe Desportes n'avait reçu les ordres mineurs que le 3
septembre 1582. Dans son acte d'ordination, il est qualifié de docteur
en droit canon, abbé commendataire de Josaphat.

contre un de la Sainte-Chapelle de Paris. Déjà le roi lui avait octroyé l'abbaye de Josaphat en 1582. Mais le cadeau le plus important de Henri III fut l'abbaye de Bonport, à trois lieues de Rouen, qui rapportait de quinze à vingt mille livres de rente.

Ce fut alors surtout que Desportes mena cette grande existence, admirée comme un prodige par les auteurs contemporains que notre poète y associait généreusement. « Nul ne surpassait la délicatesse, l'opulence de ses festins, nous dit Scévole de Sainte-Marthe (*Eloges des Hommes Illustres*, t. V) ; nul ne prit plus de soins, ne fit plus de dépenses pour réunir une collection de livres ; nul n'étala une plus grande somptuosité dans le train de sa maison. »

« Il estoit franc, » dit Jacques de Montereul (*Tombeau de messire Philippe Desportes*),

> *Il estoit franc, ouvert, bon, libéral et dous.*
> *Des Muses le séjour, sa table, ouverte à tous,*
> *Chacun jour se bordoit d'une sçavante trope*
> *Des plus rares esprits, l'eslite de l'Europe.*
> *Entr'eux il paroissoit, comme en la claire nuit*
> *La lune au front d'argent entre les astres luit ;*
> *Tant bien il discouroit, tant des lèvres décloses*
> *De sa bouche féconde issoient de belles choses.*

La mort violente de Henri III vint tirer Desportes

du calme qu'il goûtait dans son abbaye de Bonport, où il s'était retiré après les troubles du mois de mai 1588. Un homme qui possédait tant de bénéfices ecclésiastiques ne pouvait faire cause commune avec les huguenots : Desportes d'ailleurs ne croyait pas au succès du roi de Navarre, il se jeta donc dans le parti de la Ligue. La conséquence de cette détermination fut que les huguenots saisirent immédiatement toutes ses abbayes. Bonport même ne put servir d'asile à Desportes : l'armée royale entra aussitôt en Normandie ; et Pont-de-l'Arche, près duquel est situé Bonport, ayant été livré au Béarnais, le poëte n'eut que le temps d'aller se réfugier au Havre, que tenait alors le sieur de Villars, parent du duc de Joyeuse.

Desportes devint dès lors le conseiller intime de Villars ; c'était lui qui combinait les plans d'attaque et de défense que Villars se chargeait de faire exécuter. Il ne rentre pas dans notre cadre de raconter les hauts faits politiques de Philippe ; nous ne dirons ni comment il entra à Rouen, un peu malgré le duc de Mayenne, ni par quelles habiles manœuvres il fit échouer pendant près de cinq ans tous les efforts de Henri IV pour se rendre maître de la Normandie, ni enfin comment il termina par faire sa paix avec le Béarnais. Le rusé diplomate avait bien pris ses mesures d'ailleurs : du jour où il entrevit que le roi de Navarre pourrait bien en définitive reconquérir son royaume, il avait envoyé en avant son frère, Thibaut Desportes, sieur de Bévilliers, faire sa soumission au nouveau monarque, afin d'avoir toujours un pied dans les deux partis.

Aussi Philippe rentra-t-il dans tous ses bénéfices, sinon immédiatement, du moins au bout de deux ou trois ans. Il passa le reste de sa vie dans son abbaye de Bonport qu'il affectionnait particulièrement, s'occupant surtout de revoir sa traduction des *Pseaumes,* mais n'ayant pas complètement renoncé au monde. Tous les ans, il allait faire un voyage à la Cour, et, quand Desportes résidait en son monastère, le palais abbatial recevait sans cesse d'augustes visiteurs et de belles visiteuses. Dans le pamphlet intitulé *Bibliothèque de Madame de Montpensier,* on cite « les Pseaumes mis en rimes par Philippe Desportes, revus et corrigés par Madame Patu, avec des annotations et sonnets de Madame d'Aigrontin, » ce qui indique assez les relations qui existaient entre ces dames et le galant abbé. Les provocations ne manquaient pas d'ailleurs au riche bénéficiaire ; mais, déjà plus que quinquagénaire, il ne se faisait point d'illusions sur le motif intéressé de ces coquetteries, et voici un charmant sonnet qu'il adressa à une de ses poursuivantes :

Ah ! je vous entends bien ! Ces propos gracieux,
Ces regards dérobés, cet aimable sourire,
Sans me les déchiffrer, je sais qu'ils veulent dire :
C'est qu'à mes ducatons vous faites les doux yeux.

Quand je compte mes ans, Tithon n'est pas si vieux ;
Je ne suis désormais qu'une mort qui respire.
Toutefois votre cœur de mon amour soupire ;
Vous en faites la triste et vous plaignez des cieux.

Le peintre étoit un sot, dont l'ignorant caprice
Nous peignit Cupidon un enfant sans malice,
Garni d'arc et de traits, mais nu d'accoutremens :

Il falloit pour carquois une bourse lui pendre,
L'habiller de clinquans, et lui faire répandre
Rubis à pleines mains, perles et diamans.

Outre ses *Pseaumes,* Desportes composa, dans sa retraite de Bonport, ou plutôt retoucha une grande partie de ses *Bergeries* et de ses *Chansons,* qui, en général, sont de beaucoup supérieures à ses sonnets. A-t-on fait mieux depuis Desportes que ces strophes où il déplore la vie agitée du courtisan :

O bienheureux qui peut passer sa vie
Entre les siens, franc de haine et d'envie,

Parmy les champs, les forests et les bois,
Loin du tumulte et du bruit populaire,
Et qui ne vend sa liberté pour plaire
Aux fous désirs des princes et des rois.

Il n'a souci d'une chose incertaine,
Il ne se paist d'une espérance vaine,
Une faveur ne le va décevant ;
De cent fureurs il n'a l'âme embrasée,
Et ne maudit sa jeunesse abusée,
Quand il ne trouve à la fin que du vent.

Quoi de plus frais et de plus charmant que ces couplets :

La terre, naguère glacée,
Est ores de vert tapissée ;
Son sein est embelli de fleurs ;
L'air est encore amoureux d'elle,
Le ciel rit de la voir si belle,
Et moi, j'en augmente mes pleurs.

Des oiseaux la troupe légère,
Chantant d'une voix ramagère,
S'égaye aux bois à qui mieux mieux.
Et moi, tout rempli de furie,
Je sanglotte, soupire et crie
Par les plus solitaires lieux.

Quand je vois tout le monde rire,
C'est lors que seul je me retire
A part, en quelque lieu caché,
Comme la chaste tourterelle,
Perdant sa compagne fidèle,
Se perche en quelque tronc séché.

On pourrait multiplier les citations; car pour qui l'étudie, Desportes est rempli de véritables beautés. Nous ne pouvons encore résister au plaisir de citer quelques strophes d'un autre genre, où notre poëte a vaincu à l'avance et devancé, par le génie comme par les années, et Malherbe, et Jean-Baptiste Rousseau et le Franc de Pompignan.

Je ressemble en mes maux au passant misérable,
Que des brigands pervers la troupe impitoyable
Au val de Jéricho pour mort avoit laissé ;
Il ne pouvoit s'aider, sa fin étoit certaine,
Si le Samaritain, d'une âme tout humaine,
N'eût étanché sa plaie et ne l'eût redressé.

Ainsi sans toi, Seigneur, vainement je m'essaie :
Donne-m'en donc la force et resserre ma plaie.
Purge et guéris mon cœur, que ton ire a touché,
Et que ta sainte voix, qui força la nature,
Arrachant le Lazarre hors de la sépulture,
Arrache mon esprit du tombeau du péché.

Fais rentrer dans le parc ta brebis égarée ;
Donne de l'eau vivante à ma langue altérée ;
Chasse l'ombre de mort qui vole autour de moi.
Tu me vois nu de tout, sinon de vitupère ;
Je suis l'enfant prodigue, embrasse-moi, mon père !
Je le confesse, hélas ! j'ai péché devant toi !

Desportes a laissé très peu de morceaux en prose, mais par le peu que nous connaissons de lui, par le jugement d'ailleurs qu'en portaient ses contemporains, nous pouvons hardiment affirmer qu'il n'était pas moins bon prosateur que poëte souvent heureusement inspiré. Nous ne devons parler que des poëtes Beaucerons ; la prose ne nous appartient pas, mais nous sommes certains que personne ne se plaindra que nous citions cette apostrophe à la Vierge, qui au reste est, elle aussi, de la poésie :

« Tu es cette blanche toison de Gédéon, non baignée par trois fois de simple rosée, mais toute remplie de grâces et des mystères de la Trinité, par l'ouvrage de laquelle tu as incompréhensiblement conceu ton Père et ton Dieu. Tu es cette nouvelle Eve, non marâtre comme la première, qui fit mourir ses enfants avant que de les engendrer, mais mère aimable et débonnaire ; non mère des mourans comme l'autre, mais des ressuscités et des revivans, par le

moyen de celui dont tu es ensemble épouse et fille et
mère. Tu es cette valeureuse Judith, qui sauva ton
peuple et la cité désespérée, coupant la tête au cruel
tyran qui nous tenoit si rudement assiégés. Tu es cette
agréable Esther, les délices du Roi Céleste, qui tourna
le jugement de notre mort et les couteaux qui nous
menaçoient sur celuy-même qui les avoit préparés. »

C'est surtout, comme nous l'avons dit, aux six
dernières années de retraite de Philippe Desportes que
nous devons ses morceaux les plus parfaits, et nous
ne pouvons que le féliciter d'avoir refusé le siège
archiépiscopal de Bordeaux, pour rester à la campagne
de Bonport qu'il savait si bien célébrer. Enfin, le
gracieux rimeur tomba malade de sa dernière maladie :
il laissa, dit-on, échapper ces mots de regrets : « J'ai
trente mille livres de rente et je meurs ! » mais bientôt,
oubliant ces pensées mondaines, il se tourna tout entier
vers le Souverain Juge ; et après avoir reçu l'extrême
onction, il dit d'une voix tranquille : « O dernier jour,
tu ne m'as point surpris ! Je savais que la mort ne
nous épargne pas longtemps. J'ai mené une vie douce
et heureuse, sous un ciel favorable, et à peine âgé de
soixante ans, j'arrive au bout de ma carrière. Je n'en
murmure point ; j'abandonne le monde sans douleur et
sans inquiétude, persuadé que le Dieu paternel qui nous

tend la main pour nous sauver, recevra ma pauvre âme dans ses bras. Exauce ma prière, ô souverain Maître ! J'ai souillé en moi ton image ; fais disparaître jusqu'aux moindres vestiges de mes erreurs et ouvre-moi le ciel. » Comme il achevait cette phrase, il rendit le dernier soupir. C'était le 5 octobre 1606 ; Desportes avait donc soixante ans et cinq mois.

Son frère Thibault le fit enterrer dans l'abbaye de Bonport, où il venait de mourir, et fit graver sur son tombeau l'épitaphe suivante en latin :

« A Philippe Desportes, abbé commendataire de ce monastère, célèbre par l'aménité de ses mœurs, par l'élégance de son esprit et par tous les genres de savoir et de qualités ; si éminent d'ailleurs par son génie poétique, que les Muses semblent n'avoir découvert qu'à lui tous leurs secrets. Ces mérites, qui en avaient fait, au dire de tous, le prince des poètes français de son siècle, l'égal des poètes anciens de Rome et de la Grèce, le rendirent si agréable aux rois très chrétiens Charles IX, Henri III et Henri IV, que la libéralité de ces princes dépassa les désirs que son extrême modération lui permettait de former. Par un rare exemple de désintéressement, en cette époque d'ambition, il refusa d'abord la charge importante de secrétaire des commandements du roi, puis le siège archiépiscopal de Bordeaux. Quoique, parmi tant de titres éminents, sa parfaite traduction des Pseaumes de David en vers français pût suffire à sa gloire éternelle, Thibaut Desportes, par affection et par reconnaissance pour un frère si bon et si dévoué, a voulu lui élever ce monument, où il repose dans l'espoir d'une résurrection bienheureuse. Il vécut soixante ans et cinq mois, et mourut le 3 des nones d'octobre en l'année 1606. »

Il serait trop long d'énumérer toutes les éditions qui furent faites des œuvres de Phil. Desportes. Rien que dans le XVIᵉ siècle, nous en comptons vingt différentes. La plus ancienne est celle qu'il fit paraître lui-même en 1573, sous ce titre : *Les premières Œuvres, au roi de France et de Pologne.* Paris, Rob. le Mangnier, 1573, in-12. A partir de ce moment, les éditions se succédèrent rapidement, non seulement à Paris, mais en province et à l'étranger. En 1575, Rob. Estienne réimprima *les premières Œuvres de Desportes.* En 1576, nous trouvons une édition à Annecy, en 1578 à Avignon, en 1587, 1592 et 1596 à Anvers, en 1593 à Lyon, en 1594 et 1600 à Rouen.

Outre les éditions de ses œuvres diverses, sa traduction des pseaumes fut plusieurs fois imprimée isolément. Nous citerons seulement le texte le plus

ancien : *Les CL Pseaumes de David mis en vers françois.*
Paris, Mam. Patisson, 1594, in-12.

Parmi les éditions modernes, nous mentionnerons
les deux suivantes : *Œuvres de Philippe Desportes, avec
une introduction et des notes par Alfred Michiels.* Paris,
A. Delahays, 1858, in-16 ; — *Les Chefs-d'Œuvre de
Desportes, avec une préface et des notes par Paul Gaudin.*
Paris, Poulet-Malassis, 1862, in-18.

20 Août 1862.

VIII

FRANÇOIS-CHARLES PANNARD

1689-1765

FRANÇOIS-CHARLES PANNARD

Pannard (François-Charles), né à Courville, le 2 novembre 1689, mort d'apoplexie à Paris, le 13 juin 1764, et inhumé à Saint-Roch, le 14, fut surnommé par Marmontel le *La Fontaine du Vaudeville,* et, plus tard, Collé, enchérissant encore sur les louanges de Marmontel, l'appela *le Dieu du Vaudeville.* Nous dirons tout à l'heure ce que nous pensons de ces appellations si élogieuses ; auparavant nous voulons raconter le peu que nous savons de sa vie.

Tous ses biographes ont commis de graves erreurs à son sujet : ils le font naître à Nogent-le-Roi, vers 1694, tandis qu'il naquit à Courville, comme nous venons de le dire. Voici en effet son acte de baptême « Le quatriesme jour de novembre mil six cens quatre « vingt neuf, Françoys-Charles, fils d'honorable homme « Françoys Panard et de damoiselle Henriette Guyard

« son espouze, né du jour des Trépassez, a esté bap-
« tizé par moy, prieur de Courville, et a eu pour
« parein Charles-André Brochard, fils d'honorable
« homme maistre Charles Brochard et de damoiselle
« Marie Guyard, de la paroisse de Nogent-le-Roi, et
« pour marreine damoiselle Catherine Panard, femme
« d'honorable homme Léonard Guyard, de cette
« paroisse, qui ont signé. »

Le nom même de notre poète a été généralement
défiguré. On l'écrit communément avec une *n,* tandis
qu'il résulte de tous les écrits et de toutes les signatures
autographes qu'il nous a laissés qu'il l'orthographiait
toujours avec deux *n, Pannard.* Nous avons rencontré
plusieurs actes signés de son grand-père et de son
bisaïeul, procureurs au bailliage du marquisat de Maille-
bois et Blévy, et tous deux écrivaient également leur
nom avec deux *n.*

Ces deux rectifications une fois faites, disons quelques mots de la vie privée de notre héros. Après avoir
passé ses premières années à Courville, il fut envoyé
par ses parents à Nogent-le-Roi, où il occupait une
modeste place dans un bureau, lorsque le comédien
Legrand, étant venu passer quelques jours dans cette
ville, reconnut sa supériorité dans un genre de poésie
où lui-même s'exerçait avec succès. Il lui persuada

sans peine de laisser là son bureau pour venir à Paris
se livrer tout entier à la poésie. De ce jour, Pannard
abandonna complètement la Beauce, dont cependant
il a parfois parlé dans ses vers.

Le jeune poëte trouva à Paris l'accueil le plus favorable : présenté par son patron Legrand dans des maisons
de la riche bourgeoisie, il devint, par sa gaîté et ses
bons mots, le convive le plus recherché de tous les
joyeux festins. Malheureusement, son amour pour la
bouteille le porta à se renfermer toujours dans une
société de second ordre, où son talent ne put trouver
l'essor qui lui convenait; aussi, bien que ses couplets
soient certainement de beaucoup préférables à ceux des
chansonniers de son temps, il ne fut jamais qu'un poëte
de second ordre, et ses œuvres aujourd'hui sont presque
totalement oubliées.

C'était d'ailleurs un aimable homme que notre
Pannard. Bon vivant, mais non moins bon ami, il
avait dans ses mœurs toute la simplicité du *bonhomme*
de Château-Thierry. C'était aussi la même incurie, la
même imprévoyance. Il ne prit jamais aucun soin de
sa fortune : un ami et une amie lui faisaient de concert
une pension de 300 livres, et ce tribut de l'amitié lui
était plus précieux que ne lui auraient été des pensions
obtenues aux dépens de l'État. Marmontel, qui l'avait

beaucoup connu, parle de lui en ces termes : « Le soin
« de se nourrir, de se loger, de se vêtir, ne le regardait
« point : c'était l'affaire de ses amis ; et il en avait
« d'assez bons pour mériter cette confiance.....
« Jamais l'extérieur n'annonça moins de délicatesse ;
« il en avait pourtant dans la pensée et dans l'expres-
« sion. Plus d'une fois à table, et, comme on dit,
« entre deux vins, j'ai vu sortir de cette masse lourde
« et de cette épaisse enveloppe des couplets *impromptu*
« pleins de facilité, de finesse et de grâce. »

Dans le temps que Marmontel était chargé de la
rédaction du *Mercure,* il ne dédaigna pas d'emprunter
souvent à Pannard quelques jolis vers, et l'on a souvent
rapporté à ce sujet des détails au moins fort douteux.
« Fouillez, lui disait Pannard, fouillez dans la boîte à
« perruques. » Les chiffons de papier griffonnés de
vers qui étaient entassés pêle-mêle dans cette boîte
étaient presque tous tachés de vin. « Prenez, prenez,
« ajoutait notre poète, c'est là le cachet du génie. »

Nous avons eu entre les mains tous ces chiffons de
papier de la *boîte à perruques :* ils ne forment pas moins
de sept gros volumes, renfermant chacun plus de
500 feuillets, écrits sur tous les côtés, et jusque sur les
marges, de la main même de Pannard ; mais nous
devons dire que sur aucun nous n'avons trouvé ce

cachet du génie, ces taches de vin dont les chroniqueurs ont cru devoir embellir leur récit. Ce n'est pas que nous voulions contester l'inclination prononcée du poëte pour le divin jus de la treille ; bien que nous n'osions affirmer que les larmes lui vinssent aux yeux en regardant son verre, nous devons convenir qu'il ne parlait du vin qu'avec tendresse, et nous n'avons pas oublié la singulière oraison funèbre qu'il fit de son ami Gallet, qu'on avait enterré sous une gouttière, *lui qui, depuis l'âge de raison, n'avait pas bu un verre d'eau.*

On a toujours répété que Pannard n'avait point fait d'études ; cela est possible, mais il répara plus tard, s'il a jamais existé, ce manque d'instruction de ses premières années. Ses notes sont pleines de citations historiques, telles que celle-ci : *On lit dans l'histoire de Chilpéric II qu'un valet un jour donna des coups à son maître pour le sauver d'un péril imminent : ce trait-là peut être employé à la Comédie italienne, surtout par Arlequin.* Un grand nombre de ses pièces de poésie sont entremêlées de latin et de français, et tout le monde connaît sa fameuse chanson bachique en latin et en français sur l'air : *La Jeune Isabelle.*

Bacchus, cher Grégoire,
Nobis imperat :

Chantons tous sa gloire,
Et quisque bibat.
Hâtons-nous de faire
Quod desiderat ;
Il aime un bon frère
Qui sæpè libat.

Ce coup-là m'apaise
Et me reficit,
Mais, ne vous déplaise,
Hoc non sufficit.
Puisque l'abondance
Hic ridet nobis,
Que l'on recommence,
Faciamus bis.

Ce verre deuxième
Nondum est satis,
Et sans un troisième
Redibit sitis.
C'est toi que j'implore,
Care mi frater,
Verse, verse encore
Ut bibamus ter.

Quand je suis à table
Cum bono fratre,
Qu'une dame aimable
Propinat lætè,

Et qu'où tout abonde
Regnat libertas,
Il n'est point au monde
Major voluptas.

Dans ce doux asile
Diù potemus ;
L'aimable et l'utile
Sunt quod habemus.
Trouver mieux à boire
Quàm ubi sumus,
C'est ce que, Grégoire,
Nunquàm possumus.

Ami, pour me rendre
Plenè contentum,
Tes mains ont su prendre
Nectar selectum.
Vive un homme aimable,
Cujus cor rectum
Nous fournit à table
Vinum non mixtum.

D'un jus homicide
Fabricatores,
Que la mort vous guide
Jam nunc ad patres.
Que votre sequelle
Procul abeat,

Et plaise aux Dieux qu'elle
Nunquam redeat.

A tout honnête homme
Places ut mihi ;
Partout on te nomme
Patrem gaudii :
Le souci respecte
Tuam virtutem ;
Ta douceur délecte
Corpus et mentem.

O toi que la Seine
Ad nos perduxit,
Toi par qui Silène
Sœpè revixit,
Viens dans ma poitrine,
Burgunde liquor,
Toute humeur chagrine
Linquet meum cor.

Ta charmante chaîne,
Amicitia,
Ici nous amène
Cum lætitiá :
Sois toute la vie
Nostrum solamen ;
Au nœud qui nous lie
Faveas, amen.

Comme on le voit, c'est le bourgogne qui avait surtout les sympathies de Pannard ; on trouve aussi le champagne et le vin de Provence célébrés quelquefois dans ses vers, mais nulle part il n'y est mention du vin de Bordeaux ; on sait en effet que ce n'est que du commencement de ce siècle que date la renommée des vignobles bordelais, aujourd'hui placés au premier rang.

Il faut convenir qu'il y a dans cette chanson de Pannard une verve et un entrain que l'on rencontre rarement. En voici une autre sur le même sujet, qui est restée également populaire :

> *Fuyons le triste breuvage*
> *Dont les poissons font usage ;*
> *Des Dieux ce fatal fléau*
> *N'est que pour les niguedouilles.*
>
> *Et pourquoi donc boire de l'eau ?*
> *Sommes-nous des grenouilles ?*
> *Et pourquoi quoi*
> *Et pourquoi quoi quoi quoi boire de l'eau ?*
> *Sommes-nous des grenouilles ?*
>
> *Aimable jus de l'automne,*
> *Je renais quand je t'entonne ;*
> *Tu réjouis mon cerveau :*
> *Grand Dieu ! que tu me chatouilles !*
>
> *Et pourquoi donc, etc.*

Heureux qui chante ta gloire !
Plus heureux qui te sait boire !
Un plaisir toujours nouveau
Charme les cœurs que tu mouilles.
   Et pourquoi donc, etc.

C'est la bachique ambroisie
Qui nous donne la saillie :
Fade boisson du crapaud,
C'est toi qui nous en dépouilles.
Et pourquoi donc, etc.

Breuvage ignoble et funeste,
La vérité te déteste :
Jamais son divin flambeau
N'éclaire ceux que tu souilles.
Et pourquoi donc, etc.

Si le vin ne m'accompagne
Lorsque je vais en campagne,
J'estime peu, clair ruisseau,
Les beaux lieux où tu gazouilles.
Et pourquoi donc, etc.

L'eau n'est bonne sur la terre
Que pour les fleurs d'un parterre,
Pour le chou, pour le poireau,
Les melons et les citrouilles.
Et pourquoi donc, etc.

C'est dans la chanson qu'excella Pannard : il essaya, mais sans grand succès, de s'adonner à des sujets plus sérieux. Il réussit cependant à faire représenter aux Français une comédie intitulée *les Acteurs déplacés,* qu'il avait composée de société avec Laffichard ; il fit également jouer six pièces aux Italiens et pas moins de soixante-dix-neuf opéras-comiques au théâtre de la Foire, la plupart avec la collaboration de Fuselier, Pontau, Piron, Gallet, Favart, Fagan et Parmentier ; mais aucune de ces pièces n'est restée au Répertoire jusqu'à nos jours, et, quoiqu'elles renferment toutes d'heureux passages, elles ne méritent pas qu'on les tire de l'oubli. Ce qui leur manque surtout, c'est l'invention et l'effet dramatique. On n'est pas étonné au reste de ce défaut lorsqu'on parcourt les notes de Pannard et qu'on voit comment il travaillait. Lui-même a décrit sa façon en quelques vers [1].

Je ne sais point, ami, me donner la torture
Pour trouver quelque trait qui n'ait point été dit.
Sur ce qui s'offre à l'aventure

1. La plupart des pièces de vers de Pannard que nous allons publier sont inédites. Nous les avons tirées des portefeuilles manuscrits de ce poète. Nous avons tâché de fournir des renseignements nouveaux, laissant de côté, autant que possible, les vers déjà publiés.

J'exerce d'abord mon esprit :
Aussi n'ai-je pas grande peine,
Tout ce qu'en m'éveillant sait produire ma veine
Je le trouve au ciel de mon lit.

D'après l'inspection des manuscrits de notre poète, il paraît en effet que c'était le matin qu'il jetait au hasard sur le papier tout ce qui lui passait par la tête. Il faisait des tirades de quatre, six, huit, dix vers, et, plus tard, il les introduisait dans une action quelconque, formant ainsi une sorte de rhapsodie qui devait nécessairement manquer d'unité. Une idée lui semblait-elle bonne dans un livre qu'il lisait, aussitôt il en prenait note afin de la retrouver plus tard : ses bons mots même étaient préparés à l'avance. Nous allons citer comme preuves quelques-unes de ces notes recueillies çà et là : on sera étonné souvent de leur puérilité.

Faire un vaudeville dont le refrain soit : *j'ai vu un homme, ô quel homme ! j'ai lu ce matin des vers, ô quels vers !*

Faire un vaudeville dont le commencement soit toujours ainsi : *pourquoi telle et telle chose n'est-elle pas de telle et telle façon ?*

On charge Arlequin de plusieurs commissions qu'on lui dit de marquer par ses doigts, ce qui l'embrouille.

Dire d'une femme babillarde qu'elle est le second tome de la *Mer des histoires ;*

L'antipape du chagrin pour l'antipode ;

Je lui servirai de rustre au lieu de lustre ;

Il alla se prostituer à ses pieds pour se prosterner.

Projet d'acte : Un homme laisse par son testament une somme considérable à celui qui ferait la plus grande folie : faire à cette occasion plusieurs scènes de folie.

Faire une pièce en trois ou cinq actes intitulée : *La fille, femme, veuve.* Ce sera la même personne qui, dans l'espace de vingt-quatre heures, sera fille, femme, veuve.

Cataplasme pour catafalque.

Faire la scène de deux auteurs qui se lisent chacun leurs ouvrages ; l'un commence un vers de sa façon et l'autre un de la sienne successivement, de sorte qu'ils parlent tous deux continuellement, et que ni l'un ni l'autre n'écoute ce que lui dit son confrère.

Faire une pièce intitulée *le Scrupuleux par vanité ;* on y mettra l'article des rentes viagères.

Il n'est pas jusqu'aux noms de ses personnages que Pannard préparait à l'avance :

M. *Matras,* apoticaire ;
M. *Pas-de-clerc,* étourdi ;
M. *Candide Lenoir,* notaire.

Quelquefois il se composait même un petit diction-naire de rimes :

Faire l'année prochaine (1749) un compliment en vers
pour la Saint-Charles : duquel compliment chacun des con-
viés à la fête dira sa part, de façon que chaque portion ne
fera point une fin et que le tout fera une suite. On affectera
même à chaque changement de mettre une préposition : l'un
dira par exemple : *Nous ne nous servirons point de telle ou telle
chose, car,* l'autre reprendra tout de suite, et ainsi jusqu'à la
fin. — Faire pour la même fête une chanson paysanne dans
le genre des chanteurs des rues : M. Carré jouera du violon
avec d'Aubigny, et un autre, déguisé comme eux en paysan,
chantera :

> *Dans un chorus universel* }
> *Chantons, chantons l'ami Flessel.* } Refrain.
> *Ami non superficiel,*
> *Vrai, sincère, naturel ;*
> *Depuis Charles-Martel*
> *On n'a point vu de mortel tel.....*
> *Un homme tel*
> *Devrait être immortel.....*
> *Jamais d'aigreur, jamais de fiel.....*
> *Plaise à l'Eternel..... le ciel.....*
> *Vif, vaillant et spirituel,*
> *De l'Attique il a tout le sel.....*
> *J'irais par delà le Texel,*
> *Je passerais même Archangel.....*

En voilà assez, je crois, pour montrer la manière de travailler de Pannard ; nous reviendrons cepen-

FRANÇOIS-CHARLES PANNARD.

dant encore sur ses notes intimes : c'est là le poëte
pris sur le fait.

Ces notes nous apprennent d'ailleurs que Pannard
était fort bien vu à la Cour, car nous avons lu quelque
part :

Faire pour Madame la Dauphine, Madame Henriette et
Madame Adélaïde une parodie de chacun des premiers airs
d'opéra qui auront la vogue.

Aussi notre héros, tout en allant boire chez ses bons
bourgeois, ne laissait échapper aucune occasion de
gagner la faveur des Grands.

Au mois de janvier 1748, on donna pour étrennes
au comte de Saxe une Pallas de sucre qui lui offrait un
bouclier, une figure de l'Amour qui lui présentait un
carquois, et une Gloire qui l'invitait à recevoir une
couronne. Pannard composa des couplets que l'on
récita au héros en lui faisant ces présents : nous ne
citerons que ceux de la Gloire, sur l'air : *Que tout ici se
réunisse.*

Daignez recevoir la couronne
Qu'aujourd'hui la Gloire vous donne.
Trois jours fameux vous rendront immortel,
Fontenoy, Raucoux et Lawfel.

Craint-on du sort quelque caprice,
Et n'est-on pas sûr du laurier
Quand on donne, comme Maurice,
L'ordre et l'exemple au grenadier.

Nous lisons ailleurs :

Faire une cantatelle sur les réjouissances : on exprimera les fusées, les Vive le Roi, le canon et le carillon des cloches.

Ne pas oublier, dans l'acte de l'*Œil du maître,* la scène concernant le Roi et l'effet que produit sa présence à l'armée.

Projet de pièce : Jupiter envoie Mercure aux Enfers pour prier Pluton de permettre que l'âme de Socrate passe dans le corps d'un monarque d'Europe ou autre pour tracer aux souverains l'image d'un roi tel qu'il doit être. On peut à cette occasion mettre une petite louange pour le Roi en faisant dire à Pluton, que l'Europe a le bonheur de posséder un roi qui peut servir de modèle à tous les autres.

On ne s'étonnera pas après cela que ce soit à Pannard que l'histoire est redevable du surnom de *Bien-Aimé* donné à Louis XV, surnom dont l'invention est faussement attribuée à Vadé par Voltaire.

Nous continuons nos citations :

Faire un almanach pour la Cour, où il y ait des couplets pour tous ceux qui la composent :

Pour Madame Victoire.

Permettez, charmante Victoire,
Que j'ose vous féliciter
Sur les triomphes que la gloire
S'empresse de vous apprêter.

Pour se ranger sous votre empire,
Les cœurs viendront de toutes parts ;
Ce que votre beau nom veut dire
Vous l'obtiendrez par vos regards.

Pour M. le duc de Bourgogne.

Des lys aimable rejeton,
Croissez pour le bien de la terre ;
Puisez dans le sang du Bourbon
La bienveillance héréditaire.

Semez de fleurs notre horizon,
Laissez à d'autres le tonnerre ;
Que la Justice et la Raison
Soient le flambeau qui vous éclaire.

L'Etat paie cher un grand nom
Qu'un héros acquiert par la guerre :
Pour être pacifique et bon,
Soyez le fils de votre père.

Au mois de septembre 1752, on célébra à Paris de grandes fêtes pour la convalescence du Dauphin. Pannard fit à cette occasion l'introduction du ballet de la *Cour de marbre,* et composa une jolie ronde qui commençait ainsi :

A nos vœux le Dauphin rendu
Nous permet les réjouissances ;
Qu'à grands flots le vin répandu
Réveille nos jeux et nos danses,
    Çà, trémoussons-nous,
    Çà, çà faisons tous
    Cabriole très-haute.
      Et allons donc !
    Dondaine diguedon,
    Et allons que l'on saute.

Sa verve s'exerça également, au mois de mars 1754, au sujet de la convalescence de Madame la duchesse d'Orléans, malade de la petite vérole.

Nous trouverions encore bien d'autres preuves des relations que Pannard eut avec la Cour de Versailles, mais il nous faut abréger ; nous avons hâte d'arriver à l'examen des autres œuvres de notre poète.

Comme nous l'avons déjà dit, c'est surtout dans la

chanson qu'excella Pannard ; nous ne pouvons résister au désir d'en citer encore quelques-unes :

LE BÉGAYEUR.

Pour nous mettre en train
Trin, trin, trin, trin,
Trinquons, cher Grégoire :
Avec le bon vin
Vain, vain, vain, vain,
Vainquons l'humeur noire.

La phi, phi, phi, philosophie
Permet de boire aujourd'hui.
Ce bon jus jus, jus, justifie
L'amour que l'on a pour lui.

Buvons de ce jus
Jus, jus, jus, jus,
Jusqu'à la nuit close ;
Puisqu'il est si doux,
Dou, dou, dou, dou,
Doublons tous la dose.

Son goût exquis qui, qui pénètre
Jusqu'au fond de notre cœur
Au dessert sert, sert, sert à mettre
Notre esprit en bel humeur.

Pour la nièce d'un marchand de vins, sur l'air : *Ici je fonde une abbaye.*

> *Permettez, aimable brunette,*
> *Que je vous fasse un peu ma cour,*
> *Et que dans une chansonnette*
> *Je vous dise deux mots d'amour.*

> *Non, je ne crains point de le dire,*
> *Et par ma foi, c'est tout de bon ;*
> *Je quitterais pour votre empire*
> *Ceux de Vénus et de Junon.*

> *Quand dame Vénus vint au monde,*
> *C'est dans l'eau qu'elle se fit voir ;*
> *Par Junon l'eau chez nous abonde,*
> *Car c'est elle qui fait pleuvoir.*

> *Vous êtes meilleure à connaître*
> *Que ces deux objets si prônés :*
> *Le pays du vin vous vit naître*
> *Et tous les jours vous en donnez.*

> *Ne croyez pourtant pas, mignonne,*
> *Que pour vous mon tendre penchant*
> *Vienne du Champagne et Bourgogne*
> *Dont votre oncle est si bon marchand.*

De moi vous êtes plus chérie
Cent fois que le jus du raisin :
C'est vous aimer plus que ma vie
Que vous aimer plus que le vin.

Une autre chanson, longtemps populaire, est celle intitulée *les Professions*, en quinze couplets, dont nous rappellerons seulement les suivants :

Qui veut ouïr, qui veut savoir
Ce qu'un marchand sait faire ?
Il se morfond près d'un comptoir,
Bien des chalands le viennent voir,
Mais ils n'achètent guère.
Grand étalage et peu de débit, la belle avance !

N'est-il pas mille fois plus doux,
Bras dessus, bras dessous,
Bergère,
N'est il pas mille fois plus doux,
De se trémousser comme nous ?

Qui veut ouïr, qui veut savoir
Ce qu'un auteur sait faire ?
Le jour dans un vieil habit noir,
La nuit dans un mauvais dortoir,
Il languit et s'altère.
Se faire mourir pour être immortel, quelle folie !

N'est-il pas mille fois plus doux, etc.

Qui veut ouïr, qui veut savoir
Ce qu'un chasseur sait faire ?
Il court du matin jusqu'au soir
Pour du gibier qu'il veut avoir
Et qu'il n'attrape guère.
Sur dix coups en rater au moins neuf, le bel ouvrage !

N'est-il pas mille fois plus doux, etc.

Voici encore une chanson qui, par sa simplicité, mérite d'être conservée :

J'ai ce matin fait présent à Lisette
D'un beau ruban pour mettre à sa houlette :
J'irai tantôt lui donner ces fleurs-ci.
Elle a déjà mon hautbois, ma musette,
Et pensez bien qu'elle a mon cœur aussi.
Oh ! qu'à l'Amour je dirais grand merci
Si, de ce don la Belle satisfaite,
Disait un jour : J'estime mieux ceci
Que tous trésors et même une couronne,
Quand on mettrait des diamants parmi :
Car tous ces biens, c'est le sort qui les donne,
Et ce que j'ai me vient de mon ami.

Pannard est le premier qui ait employé les vers de un pied, et il le fit généralement avec succès. On a souvent répété ce couplet d'un de ses vaudevilles :

On a vu des commis
Mis
Comme des princes,
Qui jadis sont venus
Nus
De leurs provinces.

Nous allons en rapporter quelques autres :

On ne va guère à la fortune
Par le sentier de l'honneur,
Suis, mon fils, la route commune,
Disait certain procureur ;
Affranchis-toi d'une crainte frivole,
Vole
Sans mesure et sans fin ;
N'épargne rien, sur'tout rogne et grapille,
Pille
La veuve et l'orphelin.

Toi dont la voix au luth s'accorde,
De ta belle n'attends rien
Si tu ne sais toucher la corde
Dont Plutus se sert si bien :
Sans le secours qu'on tire de la caisse,
Qu'est-ce
Que des sons superflus ?
Dans ce temps-ci l'heure où l'amour moissonne
Sonne
Par le bruit des écus.

Au reste, Pannard, comme tous les poètes de second ordre, se plaisait à faire des tours de force. Nous avons de lui une pièce de 50 vers où toutes les rimes sont en *o,* une autre de 31 vers où elles sont en *ipe* et en *ché.* On a déjà publié de ses boutades dont les vers de diverses longueurs figurent une bouteille et un verre, voici encore dans ce genre quelques couplets d'une pièce qu'il a intitulée *les Losanges :*

TES

ATTRAITS,

POUR JAMAIS,

BELLE ÉMIRE,

M'ONT SU RÉDUIRE

SOUS TON DOUX EMPIRE.

CONTENT QUAND JE TE VOI,

MON ARDEUR POUR TOI

EST EXTRÊME :

DE MÊME

AIME

MOI

TOUS

JALOUX

SONT DES FOUS

QUE JE BLAME.

FI D'UNE FLAMME

QUI NOUS RONGE L'AME !

FAIS, MON CHER, COMME MOI ;

POUR BRAVER LA LOI

D'UNE AMANTE

CHANGEANTE,

CHANTE,

BOI.

TOT,

CATAUT,

IL ME FAUT

DU TONNERRE :

VITE, MA CHÈRE,

REMPLIS-EN MON VERRE :

FAIS-MOI DU BOIS TORTU

GOUTER LA VERTU :

CE COMMERCE

ME BERCE.

VERSE

DRU.

Il imitait en cela Dufresny, célèbre vaudevilliste, qui l'avait précédé, et qui lui-même avait copié deux pièces grecques restées célèbres, et intitulées *Securis* et *Ovum,* parce que, par leurs différentes mesures, les vers qui les composaient formaient la figure d'une hache et d'un œuf.

Après les chansons, nous citerons, parmi les œuvres de Pannard, ses fables et apologues, non certes que nous ayons en rien la prétention de les comparer à celles de La Fontaine, mais quelques-unes sont assez heureuses, et la morale est généralement bien amenée. La meilleure est celle du *Lion et du Moucheron* qui a déjà été publiée plusieurs fois, mais un grand nombre d'autres sont moins connues. Nous mentionnerons entre autres : *la Grenouille et l'Éléphant, le Cimeterre et le Tambour, le Liard et le Louis d'or, le Neuf et le Zéro, les*

Frelons et le Saule, l'Abeille et les Frelons, l'Aigle et le Paon, la Pomme et le Ver, les deux Poissons, la Barque et le Pilote, le Loup et l'Éléphant, la Richesse et la Paix. Nous allons en rapporter deux pour montrer quelle était en ce genre la manière de faire de notre poéte :

LE BAUDET PRUDENT.

L'autre jour, un Baudet de très haute stature
    En vit un autre à la pâture
    Dans un verger de mon enclos :
Pour le joindre, à l'instant d'un pied vif et dispos
Il court ; mais en entrant, ô fâcheuse aventure !
La porte étant trop basse, il s'écorcha le dos.
Toujours depuis ce temps une fièvre intestine
    Le fait trembler pour son échine :
La plus grande ouverture alarme ses esprits,
Et du plus loin qu'il voit la porte Saint-Denis,
Pour ne point s'écorcher, prudemment il s'incline.

    O vous que l'on voit aujourd'hui
Dans certaine carrière à certains maux en butte,
    Aurez-vous, pour fuir la rechute,
    La même prudence que lui.

L'IROQUOIS.

Un jour, aux environs d'une place publique
Qu'on nomme la halle à Paris,
Un Iroquois, tout frais arrivant d'Amérique,
Vit de gros potirons et des melons petits
Etalés en même boutique.
Il entre, on lui dit de choisir :
Le Sauvage ignorant à ses yeux s'en rapporte,
Et par la quantité se laissant éblouir,
Il prend la citrouille et l'emporte.

Ne nous moquons point de son choix ;
Tous les jours sur cet hémisphère,
En pareille matière
Nous sommes de francs Iroquois.

Après les chansons et les fables, nous aurions de
nombreux emprunts à faire aux manuscrits de notre
poëte pour ce qu'on appelle la *poésie légère* ; mais l'espace nous presse, et nous nous contenterons de prendre
au hasard quelques bluettes.

Un jour, au cabaret, le jardinier Simon
Disait à sa femme Toinon :

Verse, verse, double la dose,
Verse tout plein, mon cher trognon ;
Mon amour est comme l'oignon ;
  Plus je l'arrose,
  Plus il est bon.

   *
  * *

Lorsque la nymphe Echo passa dans l'autre monde,
Sur terre elle a laissé grand nombre d'héritiers ;
  Partout leur multitude abonde,
Ils sont dans l'univers répandus par milliers,
  Dans ce temps il n'arrive guères
Que par des traits nouveaux on se mette en crédit.
Tous tant que nous vivons, vrais échos de nos pères,
Nous ne disons jamais que ce qui nous fut dit.

   *
  * *

Trop de bonté souvent aux enfants est contraire,
Pour former leur esprit, pour diriger leur cœur,
  Il est quelquefois nécessaire
  D'employer un peu de rigueur.
Il faut, lorsque du bois on veut faire un ouvrage,
  Le raboter pour le polir ;
Il faut, quand l'ouvrier du fer veut faire usage,
  Le battre pour le ramollir.

   *
  * *

Je fus ces jours passés témoin d'une querelle
Entre deux bons bourgeois, l'un et l'autre marchand.
« *Avec moi peux-tu bien te mettre en parallèle,*
     « *Dit l'un d'eux en se rengorgeant,*
« *Comme un homme d'honneur partout on me regarde ;*
     « *Chacun connaît ma probité :*
     « *Suis-je pas marguillier, grand garde,*
     « *Doyen de ma communauté ? »*
     Le second prenant la parole :
« *Renonce, lui dit-il, à ta prétention ;*
« *Je m'en vais d'un seul mot te prouver qu'elle est folle,*
     « *J'ai plus que toi de réputation ;*
« *Je paie cent écus de capitation,*
     « *Tu n'en paies qu'une pistole. »*

**
* **

Une Déité volage
A mis au jour Cupidon ;
L'amitié constante et sage
Est fille de la Raison.
Les amours sont infidèles,
Et, d'un séjour bientôt las,
Pour s'envoler ont des ailes,
Mais l'amitié n'en a pas.

Les roses que dans Cythère
L'Amour fait naître et fleurir
Ont un brillant qui sait plaire,
Mais un jour les voit mourir.

Amitié, quoique moins belles
Tes fleurs durent plus longtemps ;
L'automme est souvent pour elles
Meilleure que le printemps.

*
* *

Que ce nectar soit Bourguignon,
Provençal, Champenois ou non,
Il est bon, chers amis, empressons-nous d'en prendre.
De quel pays vient-il ? ma foi, je n'en sais rien,
Mais je sais bien
Dans quel endroit il va descendre.

*
* *

La tache d'huile en diligence,
Si l'on ne l'arrête, s'étend :
Celle que fait la médisance
Plus vite encore se répand.

*
* *

J'entends dire partout que ceux qui nous sermonnent
Ne suivent pas toujours les conseils qu'ils nous donnent,
Et qu'ils n'ont pas au cœur ce qu'en la bouche ils ont.
Je veux bien supposer que quelques-uns s'éloignent
Des sévères lois qu'ils nous font ;

Mais qu'importent qu'ils les enfreignent ?
Leur morale étant bonne au fond,
Pratiquons ce qu'ils nous enseignent
Sans examiner ce qu'ils font.

*
* *

J'ai lu dans un auteur que du temps de nos pères
    On respectait la pauvreté :
Les hommes de ce siècle, à leurs ayeux contraires,
    Méprisent tant la nudité
Qu'on ne la peut souffrir même en la vérité.

*
* *

Pour donner de l'ardeur à l'écolier tardif,
Pour donner au sabot un mouvement actif,
    Le fouet toujours fit merveille ;
    Mais ce salutaire instrument
    Chez eux agit différemment,
Par lui le sabot dort et l'écolier s'éveille.

Parmi les œuvres de Pannard d'un peu plus longue haleine, nous choisirons encore trois morceaux : *le Jugement de Pâris*, cantate, mise en musique par Monsieur Blaise, maître de musique de la Comédie italienne, et dont voici le commencement :

Au pied du mont Ida, dans un vallon fertile,
De Flore et des Zéphirs séjour doux et tranquille,
Pâris vivait en paix, quand par l'ordre des Dieux
Mercure lui remit cette pomme fatale,
      Dont la rage infernale
Se servit pour troubler et la terre et les cieux.
Quelle gloire, dit-il, à ta gloire est égale ?
Les suprêmes beautés du céleste séjour
Pour juge souverain t'ont choisi dans ce jour.

      Oiseaux, faites silence,
      Zéphyrs, soyez discrets :
      Respectez la présence
      De ces divins objets :
      Ruisseaux, dont l'onde pure
      Rend ces lieux toujours frais,
      Par votre doux murmure
      N'en troublez point la paix.

Des vers à Boucher, le célèbre peintre :

      Reçois, Boucher, mon compliment.
      La Nature et le sentiment,
      De ton pinceau guides fidèles,
Du siècle où nous vivons t'ont rendu l'ornement.
Tu sèmes tes tableaux de fleurs toujours nouvelles,
Et pour la vérité comme pour l'agrément
On peut te comparer aux plus fameux modèles.

Conduit par le bon goût à l'immortalité,
La nuit des temps ne peut obscurcir ta mémoire :
Mais pour mener ton cœur à la félicité
Ce n'était pas assez que cet excès de gloire,
Et l'Amour a voulu pour combler tes désirs
A des honneurs si grands égaler tes plaisirs.

Plus d'une fois ta main savante
Nous fit de ce vainqueur une image vivante :
Dans son air, dans ses traits tout est si bien frappé
Qu'aucun peintre jamais ne l'a mieux attrapé.
D'un prix plus cher que l'or et que toute richesse
Il a récompensé ton zèle et ton adresse :
Dans le choix d'un objet on est souvent trompé ;
Pour t'en préparer un digne de ta tendresse
Tout son art s'est développé.
Il s'est à le former tout entier occupé,
Et pour combler d'attraits cette aimable maîtresse
Qui de ton nom s'appelle
A ses soins rien n'est échappé,
Jugeant bien qu'il fallait pour le nouvel Apelle
Une nouvelle Campaspé.

Enfin une dernière pièce, intitulée *le Temps présent*, nous paraît un des meilleurs morceaux de notre poète

Quelqu'un, un jour, d'un ton rempli de zèle,
Me dit : « Ami, quitte la bagatelle,

« *Va, va, crois-moi, savoir, esprit, talent,*
« *Art d'agencer d'un tour neuf et galant*
« *Pièce de vers, œuvre gentille en prose,*
« *Dans ce temps-ci servent à peu de chose.* »
Ce quelqu'un-là, selon moi, disait bien :
Mieux aurait dit qu'ils ne servent de rien,
Et mieux encor s'il eût à la science
Joint l'équité, la droite conscience,
La bonne foi, l'honneur et la vertu,
Qui de nos jours valent moins qu'un fétu.

Au temps jadis, qu'en tous lieux la Nature
Produisait tout sans soins et sans culture,
Que lait et miel coulaient comme ruisseaux,
Humains ci-bas se voyaient tous égaux.
Ce temps fut court ; une affreuse licence
Ne tarda guère à bannir l'Innocence :
Force pour lors surmontant l'Equité,
Entre mortels cessa l'Egalité :
A mille maux la terre fut livrée ;
De s'agrandir la soif immodérée
Fit guerroyer. Le céleste courroux
Lors envoya Royauté parmi nous.
Vint avec elle une certaine Dame
De grand pouvoir ; partout on la réclame,
Et tous les jours nombre de courtisans
Vont l'accabler de vœux et de présents.
Dans tous les lieux de la terre habitable,
Coquette n'est qui lui soit comparable

Pour obliger à devoirs et travaux
Quiconque veut surpasser ses rivaux.
Il faut sans cesse offrir des sacrifices,
Souffrir la gêne, essuyer des caprices,
S'étudier du matin jusqu'au soir,
Louer défauts, dire que blanc est noir,
Etre au lever, bâiller à la toilette,
Caresser chien, faire fête à soubrette,
Gagner Lafleur, intéresser Jasmin,
D'un portier brusque adoucir l'œil sévère,
Solliciter tante, sœur et beau-frère,
Grand'mère, ayeul, neveu, nièce, cousin,
L'oncle, la bru, le gendre et le parrain
Du petit fils de l'intendant du père :
Cette Déesse a nom Faveur. Crédit,
Renom, pouvoir, honneurs, titres, profit,
Charges de cour, dignités militaires,
Postes d'église, emplois dans les affaires,
De tout cela par elle on vient à bout :
Auprès des Grands c'est Madame Fait-tout.

Regarde bien cette figure épaisse
Qui d'un carrosse emplit toute la caisse.
C'est un Crésus. Qu'était-il autrefois ?
Un galopin, qui dans un quatrième
Tremblait de froid et soufflait dans ses doigts,
Petit commis d'une souplesse extrême,
Sachant si peu, que jamais sans Barême
L'aliboron n'eût compté jusqu'à cent :

Faveur en bref l'a fait haut et puissant.
Cet autre-là, courtier de concubine,
Vend à Mondor la jeune Messaline,
Prend des deux parts, et payé largement,
De son affront vit honorablement :
Enplois chez lui pleuvent comme la grêle.
Qui fait cela ? C'est Faveur qui s'en mêle.
D'une autre part, jette l'œil sur Cliton ;
Vois-le trotter en malheureux piéton :
Mérite en lui plus qu'en tout autre abonde,
Pour les talents il est universel,
Il réunit à science profonde
Des mœurs, du goût, de l'agrément, du sel,
Beaux sentiments, le meilleur cœur du monde.
Quel est le sort de cet homme de bien ?
Faveur lui manque ; il est tout et n'a rien.
Quoique l'on puisse en un mot faire et dire,
Allez, venez, peinez comme un satyre,
Chose inutile ! il faut de la Faveur
Encore un coup; sans cela, serviteur.

Toi donc, ami, qui sais mettre en pratique
Pour plaire aux Grands très fine politique,
Sans toutefois sortir du cercle étroit
Où Probité veut que toujours on soit,
Daigne m'apprendre un art si salutaire :
Dans ce projet à mon penchant contraire
Sans toi jamais ne puis me soutenir ;
Par tes conseils viens m'exciter à faire

Ce qui convient pour Faveur obtenir ;
Dis-moi... Mais non, tes soins ailleurs utiles
Seraient ici totalement stériles :
Termes de Cour sont pour moi l'Alcoran,
J'ai là-dessus une tête du diable,
Même en cent ans je ne serais capable
De manier jargon de courtisan.
Aussi, mon cher, bien est-il véritable
Qu'on ne verra Pannard monter d'un cran
Quand il vivrait autant et plus qu'Adam :
Bien est-il sûr que chez moi gelinotte
Ne paraîtra non plus que l'ortolan,
Et que n'irai jamais chez garde-note
Constituer au profit d'un quidam.
Partant, je crois qu'au bout de ma carrière,
Quand la Camuse aura clos ma paupière
Et que mon corps sentira le relan,
Mon ombre loin de la gent financière
Dans l'Elysée ira prendre son rang
Près des auteurs à cassette légère,
Et que Minos, en voyant mon bilan,
Assignera ma demeure dernière
Tout contre Plaute et le divin Homère,
Du Ryer, Patru, Colletet, Saint-Amand,
Jean La Fontaine, Autereau, La Bruyère.

Quelques-unes des œuvres de Pannard furent imprimées au moment où elles parurent, comme certains

vaudevilles et même quelques pièces légères, telles entre
autres que la *Fierté mal entendue*. D'autres avaient été
insérées dans des almanachs, comme le fameux *Éloge
des asperges,* imprimé en 1755, ou le furent plus tard
dans l'Almanach des Muses. Cependant la plupart
étaient restées manuscrites : le 6 février 1760, Pannard
vendit à Duchesne, libraire à Paris, « tous les ouvrages
« qu'il a pu faire jusqu'à ce jour, soit pièces de théâtre
« quelconques, vaudevilles et toutes autres pièces
« tant en vers qu'en prose, etc., consentant qu'il les
« fasse imprimer autant de fois, et en autant de volu-
« mes qu'il le jugera à propos, lui promettant de
« travailler incessamment à en obtenir un privilège
« qu'il lui cédera tout de suite comme une chose à lui
« appartenante, qu'il pourra, s'il le juge à propos,
« renouveler toutes fois qu'il le croira nécessaire et
« transporter à qui bon lui semblera ; enfin déclarant
« n'y prétendre plus rien en aucune façon, se réservant
« seulement son droit aux représentations toutes les
« fois que ses pièces seraient jouées. » Le 6 juillet
1762, Pannard donna quittance à Duchesne de la
somme de deux mille livres, prix convenu entre eux
pour la cession de ses œuvres, et, dès l'année suivante,
Duchesne fit paraître les *Œuvres de Panard* en quatre
volumes in-12. Depuis, Armand Gouffé a publié des

Œuvres choisies de Panard, hommage rendu à sa mémoire, 1803, trois volumes in-18.

Parmi les pièces qui ne furent point imprimées, et c'est le plus grand nombre (67 sur 86), nous citerons *La Ramée et Dondon,* parodie de la tragédie de *Didon* par Lefranc, 1734; *Alzirette,* parodie de la tragédie d'*Alzire* par Voltaire, 18 février; *l'Amant supposé* ou *le Miroir,* 2 septembre 1739; *l'Amant musicien,* septembre 1733, pièce représentée d'abord sans succès sous le titre de *la Tante rivale,* reprise trois fois sous son nouveau titre; *la Foire de Bezons,* faite en collaboration avec M. Favart, représentée au théâtre de l'Opéra-Comique, le 11 septembre 1735, et reprise le 18 février 1736. Nous extrayons de cette pièce la scène du *Savoyard,* où les auteurs ont placé assez heureusement la critique du ballet des *Indes Galantes* par Fuselier.

Oh! vous allez voir..... ce que vous allez voir.

AIR (Ma mère Margot).

Un Oupéra, deux oupéras,
Trois oupéras ensemble
Ont bien moins de mousique,
Ont bien moins de mousique,
O gué,
Que le Ballet des Indes.

Le grand Oupéra, l'Oupéra-Comique en personnes na-
turelles !..... Oh ! vous voilà présentement dans le plat de
terre de l'oupéra : c'est le pays des cabrioles; vous voyez
qu'on danse le Ballet d'Inde. Oh ! regarda, comme au Pérou
c'est la mode de danser et de chanter au Souleil.

AIR (Quand la Cigale chante).

Dans nos champs tout abonde
Par toi, brillant Souleil,
Tu n'as pas dans lou monde
Dans lou monde
Tu n'as pas dans lou monde
Ton pareil.

Ah ! vous voilà ensuite dans la Turquie : voyez une
danse provençale dansée par des Matelots et des Matelottes ;
ces Matelots sont sortis de l'eau entre deux vins, et les Matelottes connaissent mieux le Port-à-l'Anglais que celui de
Marseille, et savent faire avaler le goujon. Regardez comme
tout en cabriolant on embarque de beaux présents dans de
grandes marmites, et des cruches d'or et d'argent. Achetez
des cruches !

Remarquez présentement que nous sommes en Perse.
Oh ! la belle décoration ! le beau plat de terre de fleurs !
Voyez que les fleurs sont renversées par un vent terrible, et
relevées par un petit vent coulis qui les caresse et surtout la
rose.

Vous voici présentement à l'Oupéra-Comique. Remarquez Katifé et Margéon qui s'en retournent au Mogol en demandant l'aumône. Remarquez la Foire de Bezons. Regardez sur la droite une petite fille qui perd sa mère, et sur la gauche une plus grande que sa mère a perdue.

Pannard ne paraît pas avoir continué à versifier dans les dernières années de sa vie. Nous citerons comme une de ses dernières pièces ce portrait qu'il a tracé de lui-même :

Mon automne à la fin rembrunit mon humeur ;
Et déjà l'Aquilon, qui sur ma tête gronde,
De la neige y répand la fâcheuse couleur.
Mon corps, dont la stature a cinq pieds de hauteur,
Porte sous l'estomac une masse rotonde,
Qui de mes pas tardifs excuse la lenteur.
Peu vif dans l'entretien, craintif, distrait, rêveur,
Aimant sans m'asservir, jamais Brune ni Blonde
Peut-être pour mon bien n'ont captivé mon cœur.
Chansonnier sans chanter, passable Coupléteur,
Jamais dans mes chansons on n'a rien vu d'immonde.
Soigneux de ménager quand il faut que je fronde,
Car c'est en censurant qu'on plaît au spectateur,
Sur l'homme en général tout mon fiel se débonde.
Jamais contre quelqu'un ma Muse n'a vomi
        Rien dont la décence ait gémi,
Et toujours dans mes vers la vérité me fonde.

D'une indolence sans seconde,
Paresseux s'il en fut et souvent endormi,
Du revenu qu'il faut je n'ai pas le demi.
Plus content toutefois que ceux où l'or abonde,
Dans une paix douce et profonde,
Par la Providence affermi,
De la peur des besoins je n'ai jamais frémi.
D'une humeur assez douce et d'une âme assez ronde,
Je crois n'avoir point d'ennemi ;
Et je puis assurer qu'ami de tout le monde
J'ai, dans l'occasion, trouvé plus d'un ami.

Enfin les vers les plus récents que nous trouvions avec une date sont du mois de novembre 1757 : c'est une chanson, sur l'air : *Attendez-moi sous l'orme,* adressée à Mlle Cécile de Vismes, sa filleule, en lui envoyant des pensées et des soucis, chanson sous la forme d'un bouquet, genre de poésie fort à la mode à cette époque.

J'ose aujourd'hui, Cécile,
Vous offrir dans ces fleurs
D'une saison stérile
Les restes peu flatteurs.
Si votre âme offensée
Murmure de ceci,
Retenez la pensée,
Laissez-moi le souci.

Mon bouquet est bizarre,
Je le sais, mais enfin
Son assortiment rare
Vous apprend mon destin.
Par les temps effacée,
Ma muse comme lui
N'a que quelque pensée
Et beaucoup de souci.

Une seconde image
Me frappe en ce bouquet,
J'y découvre l'ouvrage
Que votre beauté fait :
Par vos regards lancée,
Certaine flamme à Bri
Réveille la pensée
Et produit le souci.

Quoique Cythère et Gnide
Pour moi soient défendus,
Quoique le sort d'Ovide
Ne me convienne plus ;
Ma langue embarrassée
Vous va pourtant ici
Bégayer ma pensée
Pour calmer mon souci.

Jusqu'à ce qu'on me prive
De la clarté des cieux,

Quelque sort qui m'arrive,
Vous fixerez mes vœux :
Une ardeur empressée
Vous fera, songez-y,
Régner dans ma pensée
Malgré tout mon souci.

Outre Mademoiselle Cécile de Vismes, Pannard adressa de nombreuses pièces de poésie à M. Le Maignan, Mme de Saint-André, M. de Préfontaine, etc. Il compta parmi ses amis l'illustre musicien Rameau, qui mit en musique plusieurs de ses vaudevilles, et le célèbre Favart, qui composa pour lui ces quatre vers, gravés au-dessous de son portrait, œuvre de Chenu :

Ridiculum primus docuit cantare per urbem,
Virtutem docuit moribus ille suis.
Utile miscetur dulci; punctum omne refertur
Cùm Veneris cytharam casta Minerva sonat.

14 Septembre 1865.

IX

JEAN ESPITALIER

1639-1720

JEAN ESPITALIER

Voici assurément une des figures les plus originales de notre galerie des poètes beaucerons, et en même temps c'est une des moins connues, car nous n'avons jamais jusqu'à ce jour rencontré le nom de cet auteur imprimé qu'au bas des nombreux écrits qu'il nous a laissés. Il n'appartient pas exclusivement à notre pays, il est vrai, car il est d'origine provençale ; mais pendant quarante-sept ans il fut curé d'une des paroisses de la Beauce, et c'est pendant cet intervalle qu'il composa tous ses ouvrages ; nous pouvons donc à bon droit le revendiquer comme beauceron.

Jean Espitalier naquit à Bargemont, au diocèse de Fréjus, vers 1639. Comment se passa sa jeunesse ? comment fut-il amené à étudier au séminaire de Chartres ? nous n'avons aucun détail à cet égard :

quand nous le retrouvons pour la première fois, nous sommes déjà au mois de septembre 1673, et il est curé de la Folie-Herbault, paroisse aujourd'hui supprimée et réunie à celle de Fains.

La Folie était alors une seigneurie importante, et les riches familles de Vassé et de Fesques faisaient leur résidence habituelle dans le château seigneurial. Espitalier se trouva naturellement le commensal de ces hôtes puissants : sa fortune personnelle y gagna, son esprit s'y développa peut-être aussi, mais ces faveurs des grands, qu'il était forcé d'acheter par ses complaisances, coûtèrent quelquefois un peu cher à son repos. La vie privée de notre curé est certes plus intéressante que ses œuvres, et, comme d'ailleurs elle offre de curieux renseignements sur les mœurs et sur l'histoire générale du siècle, nous la raconterons un peu longuement.

La cure de la Folie était une de celles qui dépendaient directement du Chapitre de Chartres ; or, le Chapitre était fort sévère pour ses subordonnés, et une ordonnance synodale, souvent invoquée par lui, avait fait inhibition expresse à tout ecclésiastique d'avoir chez lui pour servante une fille âgée de moins de quarante ans. Espitalier viola cette ordonnance, et, pour une cause ou pour une autre, il introduisit dans sa maison une fille, nommée Jeanne Normand, qui n'avait que vingt-trois ans. De là ses premiers malheurs.

L'official de Chartres, instruit par la rumeur publique de cette infraction aux ordonnances, cita Espitalier à comparaître devant lui. En vain le malheureux curé allégua l'exemple d'un grand nombre de ses confrères qui avaient à leur service des jeunes filles de vingt-cinq à trente ans ; en vain il représenta que ladite Normand n'avait jamais été sa servante ni sa domestique, puisque tous les soirs elle retournait coucher chez son père ; en vain il fit comparaître des témoins qui attestèrent que cette fille ne faisait que venir en journée pour aider la cousine du sieur Espitalier, comme elle allait également en journée dans les autres maisons du village : l'official se montra sévère et condamna le curé à vingt jours de séminaire et à dix livres d'amende.

C'était là une humiliation, et non un châtiment bien terrible ; mais l'official ne pouvait prévoir alors les conséquences de son jugement.

Un an après cette condamnation d'Espitalier, Jeanne Normand devint grosse : tout le pays en causait ; on nommait publiquement le père de l'enfant, le curé seul l'ignorait peut-être et voulait tout au moins éviter un scandale ; toujours est-il qu'il fournit à la coupable les moyens de partir pour Orléans et qu'il la fit même accompagner par sa cousine. L'auteur véritable de ce méfait, qui ne savait trop comment sortir de ce mauvais pas, crut l'occasion excellente. Il n'ignorait pas qu'Espitalier était en querelle avec le bailli de la Folie, Charles Arterier, laboureur à Jonville, qui avait refusé de payer le droit auquel chaque paroissien était tenu pour le soulagement des pauvres. Il alla trouver ce magistrat : le jour même, le curé venait d'obtenir une sentence qui condamnait Arterier à verser entre ses mains dix écus pour être distribués aux pauvres. L'accusateur demanda un décret qui lui permît de faire arrêter Espitalier, comme ayant abusé Jeanne Normand et l'ayant enlevée à cause de sa grossesse. Sans plus d'examen, Arterier, enchanté de se venger de son ennemi, signa le décret d'amener et en confia l'exécution à ses agents. Laissons maintenant Espitalier nous raconter lui-même son arrestation.

« Je venois d'administrer le sacrement de l'extrême-
« onction à un malade ; j'avois préparé l'autel pour
« dire la sainte messe, et je me disposois pour aller
« enlever un corps mort, lorsque, étant entré dans ma
« chambre, le nommé Henry Saulton, notaire en ma
« paroisse *(le vrai coupable et l'accusateur)*, accompagné

« de trois ou quatre estaffiers, vint se jetter de rage
« sur moy, me prit au col avec tant de fureur qu'il
« faillit à m'étrangler, puisque je n'eus pas la force de
« luy demander d'où venoit une pareille violence.
« Cependant, comme je voulois résister à cette même
« violence, je me vis entraîné hors de ma chambre
« avec autant de rapidité qu'on entraîne un cheval
« mort hors de son écurie, et j'aperçus la femme dudit
« Saulton sauter dessus moy et mettre ses mains
« profanes et sacrilèges sur ma personne, en criant à
« haute voix : *Nous le tenons, l'infâme, le coquin; nous*
« *le tenons. Il faut,* continua-t-elle, *il faut l'attacher à*
« *la queue d'un cheval et l'entraîner en prison comme*
« *une puante charogne.*

« Représentez-vous le sieur Espitalier sortir de sa
« maison comme un *Ecce homo* entre les mains de
« quatre ou cinq bourreaux, qui le tiennent, l'un par
« les cheveux, l'autre par les bras, celui-ci par le col,
« celui-là par le corps, et tous ensemble le garotter au
« milieu de la rue au-devant de son église, et, en pré-
« sence de la plupart de ses habitants, luy déboutonner,
« luy déchirer sa soutane, mettre en pièces son colet, et,
« ce qu'on n'a jamais fait au dernier de tous les hommes,
« luy tirer la chemise par devant hors de son haut-de-
« chausses pour faire voir à ses paroissiens, à femmes

« et filles, ce que la modestie et la bienséance em-
« pêchent de nommer. »

Dans cet état, l'infortuné curé fut hissé sur une
voiture et conduit dans les prisons du présidial de
Chartres, parce que le cas dont il était accusé était *royal*
et trop grave pour être jugé par le bailli de la Folie.
Quelques jours après, parvint au Procureur du Roi une
requête rédigée par le procureur-fiscal de la Folie : le
procureur du Roi en référa au Chapitre de Chartres, et
tandis que les chanoines faisaient publier un monitoire
contre Espitalier, le procureur ouvrait une information
et faisait assigner les témoins. Mais c'est en vain que les
adversaires du curé avaient usé de prières et de menaces : l'un des témoins vint raconter qu'Arterier l'avait
arrêté avec violence devant la porte du château de la
Folie et l'avait forcé de signer une déposition contre
Espitalier ; d'autres affirmèrent que la femme du notaire
Saulton leur avait offert de l'argent pour déposer contre
l'accusé, disant qu'elle avait 1,800 francs à dépenser
pour le faire pendre à la porte de son presbytère ; enfin
Pierre Normand, le père de la fille abusée, déclara
qu'Arterier l'avait menacé de le faire rouer de coups
et de ne lui faire jamais aucune charité s'il ne soutenait
pas que sa prétendue plainte était véritable.

Devant de pareilles dépositions, le jugement était facile : aussi, quelques jours après, le procureur du Roi déclara se désister des poursuites, et, après deux mois de prison préventive, Espitalier obtint du présidial de Chartres un arrêt qui condamnait le bailli, le procureur-fiscal et le notaire à six mille livres d'intérêts civils, à lui faire amende honorable à la porte de l'église, à l'issue de la grand'messe, en présence des seigneur et dame et des habitants de la paroisse, à le reconnaître indigne de toutes les calomnies dont ils l'avaient noirci, et enfin à lui délivrer un acte de cette réparation d'honneur qu'il ferait proclamer dans toutes les paroisses voisines.

Il est vrai qu'Arterier et Saulton en appelèrent au Parlement de cette sentence ; mais, sur ces entrefaites, Jeanne Normand fit sa déclaration de grossesse au bailliage d'Orléans et attaqua le notaire de la Folie comme suborneur. Celui-ci, qui, comme nous l'apprend Espitalier, « avait déjà été condamné à donner cent « écus à la nommée Catherine Bourgine, pour avoir « pris la peine et le plaisir de luy faire un enfant, » comprit que l'affaire devenait mauvaise pour lui, et il s'empressa d'étouffer le procès.

Ceci se passait en 1690. Espitalier revint triomphant dans sa paroisse, et, sur sa requête, le Chapitre, pour

mieux établir combien il avait foi dans ses bonnes
mœurs, l'autorisa à prendre à son service Jeanne
Normand qui y demeura jusqu'à sa mort, car nous la
voyons assister à l'apposition des scellés dont nous
parlerons tout à l'heure.

Mais auparavant nous avons à raconter une autre
grande épreuve que le curé de la Folie eut encore à
subir, un peu sans doute par la légèreté et l'incon-
séquence de sa conduite.

On sait quelle était la licence des mœurs à la Cour
de Louis XIV. Parmi les grandes dames qui se distin-
guaient alors par leur conduite scandaleuse, il n'en
était pas qui poussassent le débordement plus loin que
les demoiselles de Soissons, filles d'Eugène-Maurice
de Savoie, comte de Soissons, et d'Olympe Mancini,
et sœurs du célèbre prince Eugène. La duchesse d'Orléans, mère du Régent, s'explique ainsi à leur sujet
dans une lettre du 28 septembre 1717 : « Le prince
« Eugène avait deux sœurs qui étaient toutes deux
« laides : l'une est morte, l'autre est encore en Savoie
« dans ce moment. L'aînée avait la figure d'un mons-
« tre, et de plus elle était naine ; elle a jusqu'à sa mort
« mené une conduite fort déréglée ; elle s'est enfuie
« avec un abbé qui s'appelait l'abbé de Bourlie, et qui
« était un vaurien et un extravagant. Il l'a épousée à

« Genève, et ensuite il l'a quittée sans façon. Enfin
« elle est morte. »

Or, Louise de Fesques, marquise de Vassé et dame
de la Folie-Herbault, était très liée avec Mademoiselle
de Carignan, l'une des sœurs dont on vient de nous
faire un si flatteur portrait. Mademoiselle de Carignan
entretenait depuis longtemps un commerce secret avec
un seigneur de la Cour de Louis XIV, avec lequel elle
voulait se marier; mais il n'y avait pas à espérer pouvoir le faire à Paris, où tout le monde connaissait la
conduite de la princesse. Louise de Fesques offrit à
Mademoiselle de Carignan un asile à son château : à
peine arrivées à la Folie, les deux dames allèrent trouver
Espitalier, et, soit ignorance, soit faiblesse, le curé
consentit à prêter son ministère à la célébration du
mariage. Avis en fut aussitôt donné à l'amant de la
princesse, et, s'échappant de la Cour après le jeu du
Roi, il s'empressa d'accourir à la Folie, où le mariage
clandestin fut célébré en l'année 1698.

Ce n'était pas la première fois du reste que Jean
Espitalier prêtait l'office de son ministère à la famille
de Savoie ; ce qui fait comprendre le choix qu'on fit
de lui et ce qui excuse jusqu'à un certain point sa
conduite imprudente. Voici un acte conservé dans les

registres de l'état civil de la Folie-Herbault, acte d'un
certain intérêt historique et qu'on ne s'attendrait certainement pas à trouver dans une paroisse aussi peu
importante : « Le 12 octobre 1680, je, Jean Espitalier,
« prestre curé de l'église paroissiale de la Follie-
« Herbault, ay, en ladite esglise, interrogé très-haut
« et très-puissant prince monseigneur Thomas de
« Savoye, comte de Soissons, fils de très-haut et très-
« puissant prince monseigneur Eugène-Maurice de
« Savoye et de très-haute et très-puissante dame
« Olympe de Manchini, de la paroisse de Saint-Eus-
« tache de Paris, et haute et puissante demoiselle
« Uranie de la Cropte, fille de haut et puissant sei-
« gneur messire François-Paul de la Cropte, chevalier,
« seigneur de Beauvais, et de haute et puissante dame
« Charlotte-Marie Martel, de cette paroisse, et, leur
« consentement mutuel par moy pris, les ay solennel-
« lement conjoints en mariage, en présence de haute
« et puissante demoiselle Judith Martel, tante de ladite
« demoiselle Uranie de la Cropte, de messire Gabriel
« le Coigneux, marquis de Bellabre, conseiller du Roy
« en ses conseils et maistre des requêtes ordinaires de
« son hostel, cousin de ladite demoiselle, de dame
« Magdeleine de Codony, épouse de messire Jacques
« de Fesques, chevalier, seigneur d'Herbault, et en

« présence dudit seigneur Jacques de Fesques, seigneur
« dudit lieu, Chanseville et autres lieux. »

Quoi qu'il en soit, grande fut, comme on le pense,
la colère du Roi à la nouvelle du mariage clandestin
de Mlle de Carignan. Espitalier reçut immédiatement
l'ordre de se rendre au séminaire. Sa disgrâce aurait
sans doute été de longue durée si son obscurité même
et le scandale de la vie de Mlle de Soissons n'avaient
bientôt fait oublier sa faute. Au bout de quelques mois,
il rentra sans bruit dans sa paroisse, et, à partir de cette
époque, il y demeura tranquille autant que pouvait le
lui permettre son esprit inquiet ; car nous le voyons sans
cesse apparaître dans les registres de la prévôté de Sancheville, citant celui-ci pour une fondation mal acquittée,
celui-là pour une rente mal payée à la fabrique.

Jean Espitalier avait environ quatre-vingt-un ans,
et il était curé de la Folie depuis quarante-sept ans,
lorsqu'il mourut subitement dans la nuit du 2 au 3
mars 1720. Le 12 février 1720, Espitalier écrivait et
signait encore d'une main ferme l'acte de mariage de
Gervais Dupont et de Marie Duchon, ses paroissiens,
et, le 4 mars suivant, à la suite de cet acte, on trouve
celui-ci : « L'an 1720, le 4 mars, j'ay, curé de Cour-

« behaye, inhumé au cimetière de ce lieu, proche la
« croix, M. Jean Espitalier, bachelier en théologie,
« vivant curé de ce lieu, âgé de quatre-vingt-deux ans,
« muni par nous pendant sa maladie des sacrements de
« l'église.

Dès le lendemain de la mort d'Espitalier, à la
requête d'Henri Saulton, prévôt de Sancheville, l'ancien ennemi du curé, les scellés furent apposés au
presbytère. Parmi les objets inventoriés, nous voyons
figurer une vache et un cheval. Espitalier avait d'ailleurs un certain train de maison : trois domestiques
sont nommés comme présents à l'inventaire, et, dans
la requête du procureur-fiscal pour la levée des scellés,
il invoque comme moyen « les grands frais de gardes
« et domestiques en grand nombre qui sont actuel-
« lement dans ledit presbytère aux dépens de la suc-
« cession. » L'héritage ne fut cependant pas considérable, car voici ce que nous lisons encore dans cette
requête du procureur-fiscal : « Il n'a paru jusqu'à ce
« jour aucun héritier apparent, ledit sieur feu Espitalier
« estant de la province de Provence éloignée de ce
« lieu, ils ne peuvent avoir connaissance de son décès :
« à joindre que sa succession paroît fort modique, et
« les deniers qui proviendront des effets de ladite
« succession non suffisans pour satisfaire aux répara-

« tions à faire au lieu presbytéral, jardin et enclos
« d'icelui. » Malgré les affirmations du procureur-
fiscal, Jean Espitalier n'était pas si dépourvu de parents
qu'il plaisait à Henri Saulton de le dire. Nous voyons
en effet, par les registres de l'état civil de la Folie, que,
le 7 octobre 1704, le curé de la Folie célébra le
mariage de Pierre Année avec Marie-Thérèse Aubrian,
fille de Germain Aubrian, capitaine de vaisseau de l'armée navale de Sa Majesté, et d'Elisabeth Espitalier, et
le 7 décembre 1708, il fut parrain de Marie Année,
leur fille.

Telle fut la vie privée de Jean Espitalier ; il nous
reste maintenant à l'examiner comme poëte. Ce qui
lui manqua, ce ne fut pas la fécondité, mais le génie.
Voici d'abord la liste, aussi complète que nous avons
pu la reconstituer, de ses ouvrages ; tout à l'heure nous
les examinerons plus en détail.

1º *Devises et inscriptions royales tirées de Virgile,
présentées à Louis-le-Grand.* Chartres, Massot, 1682.

2º *L'éloge anagrammatique ou le portrait des vertus
de M. Desmarais* (Paul Godet des Marets), *nommé
évêque de Chartres.* Chartres, veuve Massot, 1691.

3º *Vers sur le mariage du duc de Bourgogne.* Nous

n'avons pu nous procurer cet ouvrage, mais Espitalier le rappelle dans une épitre au duc d'Orléans et dit qu'il le présenta à ce prince en 1693.

4° *Tumulus heroicus, biblicus et anagrammaticus D. Augusti le Vayer, doctoris ac socii Sorbonæ.* Chartres, veuve Massot, 1695.

5° *La victime des pauvres et des ordres du Roy en leur faveur, ou Le triomphe de l'innocence opprimée et reconnue.* Chartres, veuve Massot, 1695.

6° *Quatre hymnes pour les quatre grandes heures de la feste de Saint André* (dont le sieur Espitalier était chanoine). Chartres, Nicolazo, 1707.

7° *Eloge anagrammatique et hiéroglyphique de M. Charles-François de Monstiers de Mérinville, et anagrammes parlantes sur la mort de Desmarets.* Chartres, Nicolazo, 1710.

8° *Le prélat accompli, ou Abrégé de la vie et des vertus pastorales de P. Godet des Marais, contenant le tombeau héroïque, hiéroglyphique et anagrammatique de cet auguste prélat de l'église.* Chartres, Nicolazo, 1711.

9° *Joseph, tragédie,* représentée au collége royal de Pocquet à Chartres en 1713, et dont le prologue et les intermèdes furent mis en musique par M. Chenu, maître de musique à Chartres.

10° *L'éloge de S. A. R. Mgr. le duc d'Orléans régent du royaume, et le blasme des maltôtiers.* Chartres, Nicolazo, 1716.

Telle est la liste des principaux ouvrages de Jean Espitalier [1] : on excusera peut-être leur médiocrité si l'on réfléchit que la plupart furent publiés lorsque l'auteur avait déjà passé la soixantaine et qu'il avait près de quatre-vingts ans lorsqu'il composa le dernier.

Le plus important de ces écrits est sans contredit celui qu'Espitalier intitula *la Victime des pauvres* ; c'est aussi le moins commun ; nous ne l'avons vu indiqué nulle part et nous n'en connaissons qu'un exemplaire. Dans ce livret, publié cinq ans après sa malheureuse affaire avec le notaire Saulton, Espitalier raconte ses infortunes, puis explique comment ce n'est point par un effet de rancune qu'il met au jour ce factum, mais

---

1. Dans une épître au Roi qui se trouve en tête de *la Victime des pauvres* (n° 5 ci-dessus), Espitalier s'exprime ainsi : « Il est vray, Sire, que depuis près de vingt-cinq ans que je sacrifie mes veilles à publier les immortelles actions de Votre Majesté, j'ay eu plusieurs fois l'illustre avantage de paroître devant Elle, en luy présentant, tantost à Saint-Germain, tantost à Versailles, les ouvrages qui portent pour titres : *les Devises royales ; la Muse Dauphine ; Virgile prophète* (n° 1 ci-dessus) ; *Mercure aux pieds du Roy ; le Triomphe de Mars et de Minerve ; le parfait Monarque ; les Oracles secrets de Nostradamus, le Miroir des Princes ; le Tombeau de l'Hérésie ; le Triomphe de la paix.*

pour défendre son honneur, « ce riche trésor que le
« Saint-Esprit, par la bouche de Salomon, nous
« ordonne d'avoir un grand soin de conserver, » et
« afin d'arrêter le flux de ces bouches puantes et
« corrompues, qui répandent leur venin dans les
« compagnies, et qui le portent encore plus avant en
« soutenant des faussetez avec les artifices d'un génie
« accompagné d'une malice effrontée. »

Espitalier nous apprend qu'il a composé son ouvrage pendant les deux mois de son injuste prison. Il
paraphrase les psaumes qui semblent se rapporter à sa
cruelle position, et il s'excuse sur quelques termes
« un peu durs dont sa muse se sert dans cet ouvrage.
« Il est impossible de cracher des douceurs quand on
« n'a bu que des amertumes. »

Espitalier a parfois d'heureuses inspirations. Voici
une paraphrase du psaume 26 : *Adjutor meus esto, ne
derelinquas me :*

> *Que le secours de votre bras,*
> *Grand Dieu, ne m'abandonne pas ;*
> *Faites couler sur moi votre sainte influence,*
> *Rédempteur des mortels, vrai salut des humains :*
> *Soyez donc mon support, mon appui, ma défence,*
> *Et ne méprisez pas l'ouvrage de vos mains.*

Si par l'effet de cet amour
J'ai mérité de voir le jour,
Je semble cet enfant qui ne vient que de naître,
Et qui de ses parents se trouve abandonné :
Mais vous nous recevez, vous protégez notre être,
Et vous nous rendez plus qu'on ne vous a donné.

Ailleurs, il traduit ainsi une strophe du psaume 3 :
Non timebo millia populi :

Je ne crains pas à l'avenir
Mes ennemis ; et leur audace
En vain m'observe et me menace,
Puisqu'enfin, puissant Dieu, tu veux me soutenir :
Si quelqu'un veut encor me nuire,
Tu peux à l'instant le détruire
Par l'absolu pouvoir de ton auguste bras.
Si par l'effort de ma souffrance
Je mets mes ennemis à bas,
C'est que j'ai mis en toi mon unique espérance.

Je citerai encore ces passages de la paraphrase du
psaume 102 : *Dominus in cœlo paravit sedem suam :*

Ce juge en tout incomparable
A mis son trône redoutable
Dans le lieu le plus haut du royaume des cieux :
Ce Dieu, ce Roy des Rois, qui tant de noms assemble,
Etant Juge et Roi tout ensemble,
Sait réprimer l'orgueil des plus audacieux.

Vous, Anges de la Cour céleste,
Bénissez le dans tout le reste :
Dites que tout pouvoir est soumis à sa loi ;
Publiez que le bruit de sa vive parole
Sert à tous les chrétiens d'école
Pour les fortifier sous le joug de la Foi.

Et vous, ô Troupe universelle,
Qui volez où Dieu vous appelle,
Ministres affidés de ses commandemens
Annoncez sa grandeur, faites briller sa gloire,
Immortalisez sa mémoire,
Bénissez le toujours, louez le à tous momens.

Que le ciel, que la terre et l'onde,
Enfin que l'un et l'autre monde
Bénissent le Seigneur en tous temps, en tout lieu.
Respecte donc, mon âme, respecte son essence :
Reconnais, bénis la puissance
De ton libérateur, de ton père et ton Dieu.

Notre auteur est moins heureux dans ses sonnets, et cependant il les multiplie ; nous en citerons deux comme exemples d'assez mauvais goût. Il est curieux de voir ce que l'on imprimait au temps des Corneille et des Racine. Le premier est une paraphrase de ce passage de l'Ecclésiaste : *Mulieres faciunt apostare sapientes,* et est intitulé : *L'innocent pénétré de la fuite des femmes.*

Samson cent fois plus fort que le plus fort lion
Et qui seul bien souvent, sans le secours des armes,
A des soldats armés défait un million,
Fléchit sous Dalila par l'excès de ses charmes.

David qui sut chanter la céleste Sion,
Qui, tout rempli de Dieu, répandait tant de larmes,
Etant pour Bethsabée épris de passion,
Se sentit accablé de mille et mille alarmes.

Un Apôtre est vaincu par une femme aussi :
Elles savent changer les roses en souci ;
Elles ont perverti de saints anachorètes.

Par les femmes on vit le sage Salomon
Tourner le dos à Dieu pour servir au Démon,
Et l'homme contracter la nature des bêtes.

Le second sonnet a pour titre : *L'innocent modéré au boire et au manger* ; c'est la paraphrase de la première épître de saint Pierre :

L'appétit déréglé du manger et du boire
Doit être le premier de nos combats divins ;
Nos plus fiers ennemis sont les mets et les vins,
Les uns perdent le corps, les autres la mémoire.

Du salut éternel la première victoire,
C'est d'être modérés dans les plus grands festins ;
L'ivrogne et le gourmand ont de fâcheux destins,
Ainsi que nous lisons très-souvent dans l'Histoire.

Noé de ses enfants par le vin est raillé ;
Par lui le père Loth d'un inceste est souillé ;
Esaü vend son droit, et mange son domaine ;

Hély par ce désordre est sans postérité ;
D'un seul morceau de pomme Adam étant tenté
Perdit, sans l'avaler, notre nature humaine.

Le dernier vers est vraiment par trop comique, et,
pour l'honneur d'Espitalier, nous ne voulons pas finir
par ce malheureux trait. Nous dirons donc encore
quelques mots de son dernier ouvrage : *L'éloge du duc*
d'Orléans et le blâme des maltôtiers.

Espitalier avait une vieille rancune contre les maltôtiers. Quelque temps après son élargissement des
prisons de Chartres, Arterier avait suscité contre lui
un fermier des regrats qui, « sous prétexte de vingt-
« cinq francs que lui devait encore le curé pour s'être
« rendu caution envers luy en faveur d'un de ses pa-
« rens, vint luy-même, en l'absence d'Espitalier, saisir,
« voler, piller et emporter tout ce qu'il avoit chez luy. »

Aussi il faut voir comment les traite le curé de la Folie dans l'épître et dans les vers qu'il adresse aux membres de la Chambre de justice. « Si le peuple ne peut « regarder ces partisans avides avec trop d'indignation, « il ne sçauroit avoir aussi trop de vénération pour « vous, Messeigneurs, qui êtes spécialement établis « pour réparer les pertes que les abus publics avoient « causez dans l'Etat, pour en chasser une armée de « brigands et pour punir une société de voleurs. »

Chez eux joyaux, rares bijoux,
Draps d'or à fleurs d'argent, satin, damas, veloux,
Etoient de tous leurs vols un infaillible augure.
Rien de plus somptueux que leurs appartemens ;
Les chefs-d'œuvre de l'art et ceux de la nature
En faisoient les vains ornemens.

L'azur, l'émail entrelacés
N'y sont plus à présent artistement placés ;
Leurs beaux ameublemens n'étalent plus leur pompe ;
Leurs alcôves, leurs lits ne sont plus précieux :
L'orgueil qui les flatta les aveugle et les trompe.
Ce coup de foudre vient des dieux.

A la fin de son livre, Espitalier annonce la prochaine publication d'une autre de ses œuvres ; nous ne savons

si jamais elle vit le jour ; nous ne l'avons rencontrée
nulle part.

> *Grand Prince, agréez ce recueil.*
> *Vous ferez, je l'espère, un favorable accueil*
> *A l'ouvrage qui va faire rouler la presse,*
> *Au glorieux Tombeau que mon zèle entreprend,*
> *Et que je dois bientôt offrir à Votre Altesse*
> *Sur la mort de Louis-le-Grand.*

2 Juillet 1864.

X

LAMBERT LE TORT

Vers 1180

LAMBERT LE TORT

C'est de l'une des plus grandes illustrations de la France poétique que nous allons vous entretenir, et nous venons revendiquer pour le pays chartrain une gloire que l'on s'est efforcé de lui enlever. Moins heureux encore que Guillaume de Meslay, Lambert le Tort s'est vu disputer non seulement son nom, mais sa patrie : et pourtant lui du moins avait pris le soin d'inscrire l'un et l'autre tout au long dans son poème :

Un clers de Casteldun, Lambert li Tors l'escrist,
Qui de l'latin le traist et en roman le mist.

La suite de cette notice nous ramènera à la discussion de l'origine de Lambert le Tort ; commençons d'abord par dire quelques mots de son œuvre.

C'est une vaste épopée, une chanson de geste, un

roman, si on veut nous contester ce titre d'épopée. Le sujet est la vie d'Alexandre le Grand, roi de Macédoine ; la forme est le vers français, et le vers épique de douze syllabes. C'était la première fois qu'on employait ce rythme ; aussi tira-t-il son nom du poème, et s'appelle-t-il aujourd'hui encore vers *alexandrin,* en souvenir de l'œuvre du poète dunois, dont le nom est presque oublié, même de ses compatriotes.

Il ne faut pas être trop sévère cependant envers les contemporains : depuis une vingtaine d'années, un certain bruit s'est fait autour du poème de Lambert le Tort, et, entre autres ouvrages, on a successivement publié : *Li romans d'Alixandre par Lambert li Tors et Alexandre de Bernay, nach handschriften der Koniglichen buchersammlung zu Paris, herausgegeben von Heinrich Michelant.* Stuttgart, 1846. — *Essai sur la légende d'Alexandre le Grand dans les romans français du XIIe siècle, par Eugène Talbot.* Paris, Franck, 1860. — *Alexandriade ou Chanson de geste d'Alexandre le Grand, épopée romane du XIIe siècle, de Lambert le Court et Alexandre de Bernay, publiée pour la première fois en France, avec introduction, notes et glossaire, par F. Le Court de la Villethassetz et Eug. Talbot.* Dinan, J.-B. Huart, 1861.

Voilà donc le titre du poème de Lambert : l'*Alexan-*

driade ou Chanson de geste d'Alexandre le Grand. Comme
on le voit, il eut un collaborateur, Alexandre de Bernay.
Cette collaboration qui, suivant nous, n'eut rien de
volontaire de la part de notre auteur, lui a fait grand
tort aux yeux de la postérité. Plusieurs savants critiques,
MM. P. Pâris et Eug. Talbot entre autres, prétendent
que le poème composé d'abord par Lambert n'existe
plus et que l'ouvrage qui nous reste est simplement
une restitution due à la plume intelligente d'Alexandre.
D'après cette hypothèse, Alexandre aurait donné plus
de régularité aux vers de l'auteur original, rajeuni le
style et remplacé les assonances grossières par des
rimes exactes et harmonieuses. D'autres écrivains
pensent que Lambert composa la partie historique du
poème, et qu'Alexandre, plus romancier que son collaborateur [1], ajouta au récit de Lambert les fictions
fabuleuses si nombreuses dans l'Alexandriade. Nous
nous rallions à peu de chose près à ce dernier sentiment, et nous allons tâcher de rétablir la part qui
revient dans l'Alexandriade à chacun des deux associés.

Deux mots d'abord sur l'origine du poème. La vie

1. Alexandre de Bernay a composé le roman d'*Atys et Porphilias*
ou *le Siège d'Ataines*. On lui attribue également le roman de la *Belle
Elaine de Constantinople,* mère de saint Martin, évêque de Tours, et
celui de *Brison,* fait pour Louise, dame de Créqui-Canaples.

d'Alexandre était connue au moyen âge, non seulement par les récits de Quinte-Curce et d'Arrien, mais aussi et surtout par celui du faux Callisthène, aujourd'hui complètement oublié, mais qui avait grand succès au xiie siècle, précisément à cause du merveilleux qui y régnait. Gautier de Châtillon, chanoine de Tournay, avait déjà publié en vers latins (entre 1176 et 1201) une *Alexandréide,* imitation assez froide de Quinte-Curce, que Jacobus Magnus met au-dessus des poèmes d'Homère. Lambert comprit mieux l'esprit de son époque, et dans son œuvre suivit presque pas à pas le faux Callisthène. Alexandre de Bernay vint après et ajouta à l'œuvre de son prédécesseur divers passages tirés d'autres historiens, comme la conquête de Gaza, le siège de Tyr, celui d'Athènes, etc.

> *Ci nos dit l'Alixandre, qui de Bernay fut nés*
> *Et de Paris receu ses sornoms apiélés,*
> *Qui or a les siens vers d les Lambert mellés*
> *Que li fueres de Gadres est à cest vier finés.*

La preuve de ce que nous avançons se trouve d'abord dans un manuscrit de la bibliothèque de l'Arsenal à Paris. Ce manuscrit, incontestablement du xiiie siècle, renferme une version du roman d'Alexandre beaucoup plus courte que l'Alexandriade, telle que les autres textes nous la font connaître : il commence par des vers de dix syllabes, mais au bout de quelques pages l'alexandrin apparaît pour continuer jusqu'à la fin. Ce poëme, attribué sans aucune espéce de preuves, par plusieurs critiques, au prêtre Simon de Boulogne, est certainement l'œuvre primitive de Lambert : les vers se retrouvent exactement dans l'Alexandriade, et si on refusait d'assigner cette œuvre à notre auteur, il faudrait admettre qu'il aurait réussi à faire passer pour sien ce qui n'aurait été qu'un audacieux plagiat.

D'autres raisons viennent appuyer notre opinion. Les vers de l'Alexandriade sont en général de beaucoup préférables à ceux du roman d'Atys et Porphilias, cette autre œuvre d'Alexandre de Bernay. La vérité historique, du moins d'aprés le faux Callisthéne, y est beaucoup mieux suivie, et cela se comprend. Lambert était clerc, *un clerc de Casteldun,* et connaissait ainsi beaucoup mieux les écrivains anciens qu'Alexandre, qui déclare lui-même que

Ne fus pas sages de clergie.

Enfin la date même qu'on doit assigner à l'Alexandriade nous fournira encore une nouvelle preuve que la majeure partie de cette œuvre appartient à notre compatriote. On a généralement cru que l'Alexandriade ne remontait pas au delà de l'année 1212, mais un passage d'un roman d'une date certaine, 1188, force de reculer davantage l'âge de la chanson d'Alexandre. Aymés de Varennes, dans son roman de *Florimont*, s'exprime ainsi :

> *Seigneur, je scay assés de fy*
> *Que d'Alixandre avez ouy,*
> *Mais ne scavez encore pas*
> *Dont fut sa mère Olympias ;*
> *Du roy Philippon ne scavez,*
> *Qui fust ses pères, dont fu nés.*

Comme nous l'avons dit, le poème de *Florimont* fut composé en 1188 ; donc le roman d'Alexandre est antérieur à cette époque. La difficulté pour en reculer ainsi la date est qu'il s'y rencontre des descriptions d'armes, duels et tournois, telles qu'il est impossible de croire qu'elles aient été écrites au XIIe siècle, parce qu'elles supposent des connaissances qui n'existaient certainement pas à cette époque. Mais cette difficulté n'est qu'apparente : nul doute que ces descriptions ne soient l'œuvre d'Alexandre de Bernay, qui aura cherché à parer ainsi le travail de son devancier. L'Alexandriade est donc composée de deux parties bien distinctes : l'une d'imagination, appartenant au XIIIe siècle, qui est sortie de la plume d'Alexandre de Bernay ; l'autre à peu près historique, et composée vers l'année 1180 par Lambert le Tort de Châteaudun [1].

Nous répétons à dessein le nom de cette ville, car, avant de passer à l'analyse de l'Alexandriade, nous voulons faire connaître la croisade faite contre cette illustration de la cité dunoise.

Parmi les livres publiés à propos de l'Alexandriade, nous avons mentionné l'*Essai sur la légende d'Alexandre le Grand,* thèse soutenue avec un grand talent par M. Eug. Talbot, notre compatriote aussi. Dans cette thèse, M. Talbot ne pensait nullement à contester l'origine dunoise de l'inventeur des alexandrins ; mais, dans un autre volume publié en 1861, nous avons le regret de le voir se faire l'avocat d'une mauvaise cause, et, dénaturant même le nom de notre poëte, il signe, avec M. Le Court de la Villethassetz, une page ainsi

1. Nous trouvons dans une charte de l'abbaye de la Madeleine de Châteaudun, de l'année 1178, un témoin nommé *Lambertus Tortus.* Nous n'avons pas la prétention d'affirmer que ce soit notre trouvère, mais nous croyons que ce serait cependant au moins aussi vraisemblable que de déclarer que la signature d'un *Lambertus Parvus,* apposée en 1140 à une cession faite aux religieux de Redon, est précisément celle de Lambert le Tort.

conçue : « Si le poème d'Alexandre portait expres-
« sément que Lambert le Court est né à Châteaudun,
« il n'existerait aucun doute sur son origine ; mais il
« n'en est point ainsi. Le poème dit simplement : *un*
« *clerc de Casteldun,* ce qui n'implique pas qu'il soit
« originaire de cette ville. Lambert le Court, tout en
« séjournant à Châteaudun, et en ajoutant le nom de
« cette localité au sien propre, pouvait être d'une
« autre partie de la France ; et, à côté de l'induction
« puisée dans le texte du poème pour lui assigner
« Châteaudun comme patrie, il est facile d'en trouver
« d'autres qui déterminent aussi nettement le lieu de
« son origine. Expliquons-nous. Nous avons dit dans
« une brochure spéciale [1] qu'il existait à Dinan et aux
« environs une famille où la tradition de l'*Alexandriade*
« s'est perpétuée d'âge en âge avec le nom significatif
« de le Court, transmis avec elle de père à fils et de
« génération en génération jusqu'à notre époque : elle
« a eu, au moyen âge, des représentants qui sont cités
« dans des actes authenthiques contemporains de la

---

1. En effet, aux ouvrages déjà cités par nous sur l'Alexandriade nous pouvons ajouter : *Revue de l'Alexandriade,* par M. Le-
court de la Villethassetz ; *Recherches sur l'origine bretonne de Lam-*
bert le Court, par M. Eug. Talbot. Dinan, Huart, 1853 ; *Mémoire sur*
la patrie de Lambert le Court, par M. Le Court de la Villethassetz.

« rédaction ou de l'émission du poème, et l'un d'eux,
« Alain le Court, qui fit une donation à l'abbaye de
« Bosquen en 1274, devait naître précisément dans
« le temps même où l'on écrivait la plus ancienne
« leçon conservée du *roman d'Alexandre*. D'autre part,
« il se rencontre dans le poème, non seulement des
« faits analogues à ceux du cycle d'Arthur, mais une
« foule de localités ou de noms propres qui appar-
« tiennent indubitablement à la Bretagne armoricaine [1],
« qui entourent le berceau de la maison que nous
« venons de citer, et qui se trouvent au milieu de ses
« propriétés ou auprès des monastères où ont été rédi-

1. L'ouvrage de MM. de la Villethassetz et Talbot est en effet
rempli de notes destinées à prouver l'origine bretonne des noms cités
dans le poème de Lambert le Tort ; mais, sans vouloir trop multiplier
les exemples, nous ne pouvons nous empêcher de citer quelques erreurs dans lesquels l'amour exagéré de la patrie bretonne a entraîné
les auteurs. *Arcus*, Hercule, a été par eux transformé en Arthur. *Bau-
das*, la forme vulgaire de Bagdad, devient la terre de Baude ou Bodo,
ancienne famille des environs de Lamballe et Saint-Malo. *Rosonez*,
la Roxane de l'histoire, tire son nom de deux mots armoricains, *rosen*,
rose, et *neuz*, *semblance* ou *image*. *La Roche-Mabel*, que Lambert
place à Tyr, est, suivant nos auteurs, la Roche-Mabille auprès d'Alen-
çon, ayant appartenu à la famille de Penthièvre : pourquoi pas aussi
bien la Roche-Mabille auprès de Châteaudun ? Et *Gastinel*, ce nom
de famille breton, ne serait-il pas aussi bien l'origine des Gastineau
dunois ? Il serait trop long de signaler toutes les erreurs ou tout au
moins toutes les suppositions hasardées de ce genre.

« gés des actes relatifs à ses membres. Que faut-il
« conclure de cette coïncidence, sinon que Lambert
« le Court n'est pas étranger à la Bretagne, à ce point
« même qu'il pourrait très bien se faire qu'il y fût né,
« et que, s'il n'y a pas de raison péremptoire pour
« affirmer qu'il soit de Châteaudun, il est peut-être
« difficile de contredire formellement ceux qui pensent
« qu'il a Dinan ou le pays de Penthièvre pour patrie.
« Nous pourrions être plus affirmatif sur cette ques-
« tion, mais nous ne voulons ici ni discuter des
« chartes, ni encore moins formuler une généalo-
« gie. »

Avant nous, M. Paul Meyer avait déjà fait justice
des prétentions de M. le Court de Villethassetz. « Il
« suffit, dit-il, du simple bon sens, pour faire justice de
« ces prétendus arguments par lesquels on voudrait
« rattacher Lambert le Court à la Bretagne. Mais voici
« qui est plus grave qu'un manque absolu de critique.
« Le surnom de l'auteur de *l'Alexandre* n'est pas le
« Court ou *li Cors,* c'est *li Tors,* et MM. le Court de
« la Villethassetz et Eug. Talbot ne pouvaient l'igno-
« rer. Ils n'ont pas dit un mot de ce fait qui renverse
« si complètement leur système. »

Ce point de critique vidé, et le nom et la patrie de
notre Lambert le Tort bien établis, analysons rapide-

ment son poëme [1]. Ce sera un moyen de faire connaître
l'œuvre du faux Callisthène, à peu près complètement
ignorée de nos jours.

Le début de l'Alexandriade peut être compté parmi
les meilleurs morceaux du poëme. Lambert y explique
avec netteté le but qu'il se propose : raconter l'histoire
d'Alexandre le Grand et donner de salutaires conseils
à la *gent laie* et aux preux chevaliers.

> *Qui vers de rice estore veult entendre et oïr,*
> *Pour prendre bon exemple de proecce aquellir,*
> *De connaître raison d'amer et de haïr,*
> *De ses amis garder et cièrement tenir,*
> *Les anemis grever, c'uns n'en puist avancir,*
> *Les laidures vengier, et les bienfais merir,*
> *De canter, quant lius est, et à terme sofrir,*
> *Oiés doncques l'estore boinement, à loisir ;*
> *Ne l'orra guères nus cui ne doigne plaisir.*
> *Cou est de l'millor rois que Dex laissast morir ;*
> *D'Alixandre vus voel l'estor rafrescir,*
> *Cui Dex donna fierté et é l'cuer grant aïr,*
> *Ki par mer et par tiere osa gent envaïr,*
> *Et fist à son commant tout le puple obéir,*
> *Et tant rois orgillous à l'esperon servir.*

1. L'Alexandriade a 22,606 vers ; l'Iliade n'en a que 15,574, l'O-
dyssée, 12,125, et l'Enéide, 9,998.

Le sujet une fois exposé, le poète dunois entre en matière sur les traces du faux Callisthène. Il montre la nature entière émue à l'approche de la naissance d'Alexandre. Après quelques mots sur le roi Philippe et la reine Olympias, il passe à la première jeunesse d'Alexandre, et raconte ce rêve fameux qui présageait au jeune roi macédonien sa grandeur future. Les nécromanciens viennent de toutes parts pour l'expliquer, mais un seul, Aristote d'Athènes, donne une interprétation satisfaisante, et le roi Philippe le comble de présents et le charge de l'éducation de son fils. Avec Aristote, Lambert ne cite que Nectanébo, ancien roi d'Egypte, savant nécromancien chargé d'apprendre l'astronomie au jeune prince. L'histoire de ce Nectanébo était très populaire au moyen âge : on prétendait, d'après le faux Callisthène, qu'il avait abusé Olympias sous la figure de Jupiter Ammon, et que de cet adultère était né Alexandre le Grand. Notre trouvère défend Olympias contre cette accusation, et borne au rôle de précepteur l'intimité qui existait entre Nectanébo et Alexandre.

Alexandre cependant approchait de sa douzième année. Un jour qu'il se promenait près du bord de la mer, il entend un hennissement formidable : c'était le célèbre Bucéphale, à la tête de bœuf et aux yeux de lion, que Philippe avait fait enfermer dans une tour parce qu'il ne se nourrissait que de chair humaine. Alexandre aussitôt s'écrie qu'il veut dompter le terrible animal : les courtisans qui l'entourent s'efforcent en vain de le détourner de ce dessein ; le prince marche droit à la tour, et, à la grande surprise de tous,

Li cevaus vit sen mestre, si est umeliés
Signourage li monstre, si est ajennolliés ;
Plus fu cois et mus qu'esmérillons engiés.

Ce premier exploit n'est que le prélude de ceux que devait accomplir Alexandre ; mais ici Lambert céde pour un moment la place à Alexandre de Bernay, et celui-ci, amplifiant le récit du faux Callisthène qui nous montre Alexandre vainqueur aux jeux olympiques, nous fait une longue description d'une guerre imaginaire et d'un combat singulier avec Nicolas, roi de Césarée.

Vainqueur de Nicolas, Alexandre se dirige contre Athènes, ville tributaire de son rival et qui refuse de lui ouvrir ses portes. Il va s'en emparer lorsqu'Aristote se présente à lui et obtient par la ruse le pardon de la ville rebelle. Forcé de céder à son maître qui lui a surpris son serment, Alexandre, pour se venger, jure de conquérir tout l'Orient et de ne s'arrêter qu'après avoir soumis toute la terre à ses lois.

Déjà il s'apprêtait à partir, lorsqu'un messager de Macédoine vient lui donner avis que Philippe a répudié Olympias pour épouser Cléopâtre, fille du roi de Pincrénie. Grand courroux d'Alexandre, qui s'élance sur Bucéphale et tombe subitement dans la salle du festin où l'on célébrait le nouveau mariage. D'un coup de sa vaillante épée, il tranche la tête de Jonas, sénéchal de Grèce, qui avait conseillé le divorce, et d'un air menaçant il défie les chevaliers de Pincrénie. A cette vue, Philippe ne peut contenir sa colère. Armé d'un couteau en argent, il fond précipitamment sur Alexandre, qu'il est sur le point de frapper ; mais le pied lui manque et il tombe sur les dalles. Alexandre court à lui, le relève, et, par ses paroles affectueuses, réconcilie son père avec Olympias.

Le jeune prince était encore à la cour de Philippe, lorsque le roi Darius, parent de Nicolas, envoie un message pour exiger, sous peine de mort, la restitution du royaume de Césarée. Il ajoute à ces menaces d'ironiques présents, insulte faite à la jeunesse d'Alexandre. Les Macédoniens frémissent de fureur, et Alexandre, d'abord silencieux, laisse enfin échapper ces mots :

De part moi dites Daire, ki est rois des Persans,
Que mes père de lui n'est nule rien tenans,
Ne il n'est ses amis, ne jou ses bienvoellans.
Ja ancois ne vera XIIII mois passans
Que metrai en sa tierre C mille combattants,
Si que voel que soit moie et trestous Orians.

Cela dit, il congédie le messager, et peu de jours après se met lui-même en marche à la tête de cent mille guerriers. Il s'empare en passant d'une roche inaccessible qu'Hercule lui-même n'avait pu gravir, et fait pendre le duc qui avait osé lui résister. Puis il poursuit sa route victorieuse et arrive au bord d'un fleuve dont l'eau transparente semblait inviter à se baigner. Alexandre s'y précipite, mais le froid de l'eau lui glace le sang; il allait périr si Ptolémée et Perdiccas ne s'étaient élancés à son secours. On le porte dans sa tente et on appelle le médecin du roi de Macédoine. Darius est informé de cet accident, et il envoie un de ses affidés offrir au médecin les plus riches présents s'il veut consentir à empoisonner son maître. Le médecin cède à la tentation; il compose un breuvage mortel et va le présenter au roi; mais à l'aspect de ce prince magnanime qui le reçoit avec confiance, il hésite, se trouble, renverse le breuvage et en prépare un autre qui sauve celui qu'il allait faire périr.

Alexandre, à peine guéri, se remet en marche, et après avoir franchi un tertre *avantureux,* d'une longueur et d'une hauteur formidables, au bout de trois jours, il arrive à Tarse, où il entre en vainqueur, fait abattre les tours et les remparts, et donne la cité en présent à un pauvre harpeur qui l'avait charmé pendant le repas célébré en l'honneur de la victoire.

Après s'être à peine reposé quelques jours, il pénètre par la Syrie dans les états du roi Darius et fait bâtir la ville d'Antioche qu'il donne à son général Antiochus. Puis on arrive sous les murs de Tyr, gouvernée alors par le duc Balès, lieutenant de Darius. En vain les Tyriens essaient de désarmer Alexandre par l'offre d'une couronne d'or fin ; en vain les éléments semblent combattre pour eux par une effroyable tempête, le roi de Macédoine n'en persiste pas moins dans son dessein de prendre la ville d'assaut, et défait, dans une terrible bataille, les troupes du duc Balès, qu'il attaque et renverse en combat singulier. Balès, blessé, appelle à son secours le duc Bétis de Gaza. A cette nouvelle, Alexandre envoie ses plus fidèles généraux Eumène, Perdiccas, Léonatus, Philotas et Nicanor fourrager dans la campagne voisine de Gaza.

Ici commence un long épisode, œuvre entièrement d'Alexandre de Bernay, comme celui-ci nous l'apprend

lui-même. On sent bien en le lisant que c'est tout à fait
un hors-d'œuvre; la situation demeure toujours au même
point : les mêlées, les luttes, les défis, les duels composent exclusivement la matière des deux mille vers
d'Alexandre de Bernay. Après de fabuleuses prouesses,
les généraux macédoniens allaient être vaincus, lorsqu'Alexandre arrive au milieu de la mêlée et force le
duc Bétis à prendre la fuite. Il veut le poursuivre
jusque dans les murs de Gaza, mais un messager vient
lui annoncer que le duc de Tyr a détruit les travaux
de siége élevés autour de sa ville et a mis à mort uu
grand nombre de guerriers macédoniens. *E Dex !*
s'écrie Alexandre, et il part pour la ville de Tyr. A
peine arrivé, il fait approcher des remparts ses machines
de guerre, et lui-même monte sur une baliste pour
mieux diriger l'attaque. Balès, qui l'aperçoit, fait lancer
sur lui un dard qui fend le col de son haubert.

> *Par foi ! dist Alixandres, bien m'avés asentu :*
> *S'autre cop me donés, bien vos m'arés deceu.*

Alors il vise à son tour le duc Balès, et lui lance
un dard tranchant avec tant de vigueur qu'il fait péné-
trer l'acier dans sa poitrine. Puis, n'écoutant que son
courage et son ressentiment, il se lance du haut des

murailles dans la ville. Il se retire sous un arbre touffu, met le sabre à la main et repousse les Tyriens qui l'assaillent de toutes parts; mais, malgré sa valeur, il va être accablé par le nombre lorsqu'Ariston accourt suivi du reste de l'armée macédonienne. Tyr est forcée de se rendre et de recevoir pour gouverneur Antipater.

Alexandre était donc libre d'aller punir l'insolence du duc de Gaza. Il ne perd pas de temps, traverse la Syrie, prend en passant la ville d'Araine et vient assiéger le duc Bétis. Après de sanglants combats, dans l'un desquels le roi est blessé à la cuisse, Gaza est prise enfin et Bétis tué par Alexandre, qui abandonne dédaigneusement son cadavre et continue sa marche victorieuse jusqu'à Jérusalem. Il va s'emparer de cette ville, mais les prêtres, vêtus d'étoffes *religieuses,* se présentent à lui, apportant le livre de la loi écrite sur le mont Sinaï. Alexandre, à la vue de ce livre saint, sent la pitié gagner son cœur ; il pardonne aux Juifs et se remet en marche contre son ennemi Darius.

A la nouvelle de l'approche des Macédoniens, Darius convoque tous les rois ses vassaux et dresse les pavillons de son camp sur l'une des rives du Gange, en face de celui des Grecs. Mais avant de livrer bataille, il essaie de négocier avec son ennemi, et lui envoie un messager lui offrir en mariage une de ses filles avec la moitié de son royaume. Alexandre assemble ses compagnons. Quelle réponse doit-il faire aux offres de Darius ? Perdiccas est d'avis qu'on doit les accepter. Cette proposition enflamme de colère le noble cœur d'Alexandre : « Si j'étais Perdiccas, s'écrie-t-il, j'agirais « de la sorte ; mais je suis Alexandre et je n'en ferai « rien. » Il congédie donc les ambassadeurs de Darius, avec cette fière réponse :

> *Ralés vus ent arrière à Daire de Persie,*
> *Face sa gent armer, car mes cors le desfie.*
> *Ne voel avoir sa fille ne sa tiere demie,*
> *U tute sera moie, u je n'en aurai mie.*

Alors a lieu la bataille d'Arbelles : Alexandre vainqueur demeure maître du camp des Perses et de la famille du roi. La mère, la femme et la fille de Darius tombent prisonnières entre ses mains.

> *A sa tente les maine, les festine et joiele*
> *Gentement les honore et mult bel les apele.*

Après cette victoire, Alexandre prend quelque repos et se livre aux plaisirs de la chasse : c'est Aristote qui se charge de rappeler son ardeur guerrière en lui retraçant les persécutions que Darius fait éprouver aux

habitants de la Perse. Alexandre se remet en marche.
Le roi de Perse, effrayé, appelle en vain à lui ses
vassaux ; le roi de l'Inde Porus refuse de venir à son
secours ; les autres sujets de Darius, irrités de ses inso-
lences, brisent leur lance et retournent à leur manoir.
La fureur de Darius ne connaît plus de bornes : il jure
qu'il punira cette lâcheté ; mais Balans, un de ses serfs,
se jette sur lui avec un autre meurtrier, le frappe d'un
coup de couteau et s'enfuit en le laissant dans les douleurs de l'agonie. Darius appelle Alexandre à son lit de
mort, lui recommande sa femme et ses enfants, et expire en priant son rival d'épouser sa fille Roxane. Le
roi de Macédoine fait faire de superbes funérailles au
monarque défunt, et, après avoir puni ses assassins,
s'apprête à de nouvelles conquêtes.

Mais auparavant il veut vaincre les éléments comme
il a vaincu ses ennemis, et il forme le projet de descendre au fond de la mer. Il se fait construire un grand
tonneau de verre qui peut contenir trois hommes. A
l'intérieur sont adaptées des lampes qui doivent luire
au loin et montrer à Alexandre jusqu'au moindre pois-
son. Le roi se place dans cette sorte de cloche à plon-
geur avec deux de ses pages. Des nautonniers
l'emportent dans leur bateau, qui prend le large de
peur de se heurter contre les rochers, attachent à

l'anneau supérieur de la cloche une chaîne à chaînons d'or, et laissent glisser la machine au fond de la mer. Au bout de quelque temps, le roi donne le signal pour le faire remonter. « Et qu'avez-vous vu ? » lui demandent ses compagnons.

> Signor baron, fait-il, bien sui aperceus
> Que tous cis siècles est et dampnés et perdus :
> Convoitise nous a et troublés et vencus ;
> Ciertes par avarice est li mons confondus.
> Je vis les grans poisçons dévorer les menus ;
> Ansi à povres gens est li avoirs tolus.

Plus tard, nous verrons Alexandre monter dans les airs ; pour le moment reprenons le cours de ses victoires.

Porus, le roi de l'Inde, comprit que c'était contre lui qu'Alexandre allait porter ses coups. Il rassemble cent mille chevaliers et accourt à la rencontre du vainqueur. Mais son armée ne peut tenir devant la valeur des Grecs ; lui-même donne le signal de la fuite et se sauve vers les déserts.

Alexandre s'empare du palais de son ennemi. Il entre dans la chambre de bain du roi Porus. Les chalits sont d'or fin, avec entailles de cristal et pommeaux émaillés. Vers le haut de la pièce est un souterrain

auquel conduit un escalier d'or, œuvre d'un artiste
éthiopien : les poutres sont d'ébène, le plancher couvert d'étoffes où se dessine une vigne admirablement
représentée. Alexandre passe de là dans la bouteillerie
et y trouve plus de quinze mille coupes d'argent ou
d'or. Tant de richesses arrachent au roi de Macédoine
un cri de surprise; mais il songe avant tout à ses valeureux compagnons et leur distribue ces trésors.

Les délices du palais de Porus ne font pas oublier
à Alexandre le soin de poursuivre son rival, et, malgré
la peinture effrayante qu'on lui fait du désert, il s'y
engage avec ses troupes. La chaleur excessive tour-
mente les Macédoniens, mais la grandeur d'âme du roi
qui, souffrant de la soif, jette sur le sable, sans la boire,
l'eau qu'un des soldats lui apporte dans son casque,
rend le courage aux plus abattus. Le Ciel lui-même
récompense la magnanimité d'Alexandre en envoyant
une pluie bienfaisante qui met fin aux souffrances de
son armée.

On arrive bientôt à un fleuve très profond, sur
la rive opposée duquel se dresse un château solidement
fortifié. Alexandre fait avancer quatre cents chevaliers pour traverser l'eau et marcher contre la forte-
resse. Mais voici qu'au moment où ils entrent dans
le fleuve, des animaux énormes, nommés *ipotatesmos*

(hippopotames), s'élancent sur eux et les dévorent. Le roi furieux fait saisir ses guides et les lance dans le fleuve. Il aperçoit alors deux hommes qui voguaient sur un canot fait de roseaux ; il les prie de lui indiquer un endroit où il puisse trouver de l'eau douce. Ceux-ci lui répondent qu'au milieu du désert il rencontrera une énorme crevasse, semblable à un vaste étang, mais toujours hantée par les animaux les plus redoutables. Alexandre se dirige de ce côté. Chemin faisant, il trouve une *pierre couverclée,* à l'ombre de laquelle s'abritait une ourse. Celle-ci se jette sur une mule chargée de farine, mais les Grecs la percent de leurs lances. A ses cris, les autres animaux, lions et serpents, viennent attaquer les Macédoniens, qui ont à soutenir une lutte terrible. Bientôt apparaissent d'autres bêtes hideuses, appelées *cocatrigenois* (crocodiles), dont les côtes sont blanches et les yeux noirs ; l'armée les force encore à la retraite. A ces ennemis succèdent les *caons* (cancres), qui fondent sur les troupes, saisissent les cavaliers et les chevaux et les entraînent pour les dévorer ; puis les chauves-souris, qui volent autour de l'armée, en frappant les soldats de grands coups d'ailes qui les renversent à terre.

Enfin on parvient à l'étang ; on dresse les pavillons et on allume un grand feu pour éloigner les bêtes sauvages. Mais, la nuit à peine commencée, voici venir des lions

blancs, les plus féroces des animaux ; de longs scorpions,
à l'aiguillon plus pointu qu'une alène ; de grands serpents à crêtes, au front armé de trois cornes : toutes
ces bêtes féroces se précipitent sur le camp des Macédoniens, et, semant la mort sur leur passage, vont se
désaltérer à l'étang.

Dès le matin, l'armée se remet en marche, mais
elle est assaillie par de nouveaux ennemis, des *tirants,*
au corps plus haut que l'éléphant, à la tête de cheval,
et des *niticoraces* (martins-pêcheurs), hiboux de couleur
bleue, au bec de bécasse et à la queue de paon.
C'est là la fin des souffrances des Macédoniens. Ils
rencontrent encore bien d'autres monstres, sorte de
grands oiseaux à visage de femme et portant sur leur
front une étoile de rubis, mais ils en sont facilement
vainqueurs et s'enrichissent de leurs joyaux.

Ils arrivent enfin sur une hauteur d'où ils découvrent
à leurs pieds les prairies de la Bactriane ; ils entendent
bruire les eaux qui les arrosent ; ils voient les labou-
reurs qui sillonnent la plaine et les bergers qui con-
duisent leurs troupeaux, et ils aperçoivent l'armée
de Porus, campée auprès d'un fleuve appelé Gailus. De
son côté, celui-ci reconnaît les pavillons des Grecs, et
il est frappé de surprise qu'ils aient pu traverser le
désert ; il n'est point préparé pour le combat, et, afin

d'avoir le temps de convoquer ses vassaux, il demande une trêve au roi de Macédoine qui s'empresse de l'accepter. Les troupes d'Alexandre avaient besoin de réparer les fatigues qu'elles venaient d'éprouver ; le roi lui-même, déguisé en chambellan, se rend au marché de Bactres pour acheter les provisions dont son armée a besoin. Porus le rencontre, et désirant faire causer l'officier, lui propose de lui céder pour rien toutes les denrées qu'il désire s'il veut remettre de sa part un message à Alexandre. « Rien de plus facile, répond le « faux chambellan : le roi veut bien m'admettre dans ses « conseils ; je le vis ce matin, couvert d'un bon manteau, « et assis avec Calanus autour d'un feu brillant. » — « Diva ! s'écrie Porus, il se chauffe en ce pays ! » — « Mais oui, dit Alexandre ; il commence à se faire « vieux, son corps devient glacé ; il a perdu tant de « sang dans les batailles, il a reçu tant de blessures, « qu'il n'a plus guère à vivre. » Porus est transporté de joie à cette réponse ; il fait donner au chambellan d'abondantes provisions, et celui-ci retourne à son camp où il raconte à ses barons le tour qu'il a joué à Porus. La trêve expire quelques jours après : Porus a rassemblé plus de quatre cent mille hommes, mais que peut le nombre devant la valeur invincible des troupes macédoniennes ? Le roi de l'Inde est vaincu et conduit devant

Alexandre. Il reconnaît son compagnon de Bactres, se jette à ses pieds, lui demande grâce de la vie et lui fait hommage de son royaume. Alexandre l'accueille avec générosité et lui impose, pour tout tribut, l'obligation de le mener à travers les déserts jusqu'aux bornes d'Hercule. Porus, ravi, accepte sans hésiter, et, au bout de sept jours de marche, l'armée atteint les bornes où sont les images d'Hercule et de Bacchus.

Alexandre veut pousser plus loin ses pas ; en vain Porus lui représente que les dieux irrités lui susciteront mille obstacles, le héros n'en persiste pas moins dans son dessein : il offrira aux deux fils de Jupiter un sacrifice de cinquante-trois vaches et il pénétrera dans leur royaume. Mais aussitôt les dangers se présentent. Une troupe innombrable d'éléphants menace l'armée ; Alexandre fait sonner les trompettes : les animaux prennent la fuite, on en tue plus de huit cents, et on recueille une masse énorme d'ivoire. Plus loin on rencontre des monstres à corps d'homme, à têtes de chien, contre lesquels il faut livrer de nouveaux combats. Enfin on arrive à un val étroit, au bord duquel on trouve une pierre antique, où sont gravés des signes funestes qui présagent une mort certaine à quiconque osera s'aventurer plus avant. Alexandre n'hésite pas ; il ira, mais il ira seul explorer ce passage dangereux ; et ses

barons ont beau le supplier, il part monté sur l'intrépide
Bucéphale. Au même instant l'éclair brille, le ciel tonne,
la montagne s'ébranle et la vallée semble mugir. Bucéphale tremble et n'ose plus avancer. Autour du roi
voltigent des dragons et des serpents qui paraissent vouloir le saisir. Alexandre cependant aperçoit une vaste
citerne taillée dans le roc ; il y pénètre et une voix
invisible lui crie : « Si tu es Alexandre que tout le
« monde implore, tourne-moi cette pierre qui me
« brise le corps, et je t'enseignerai un chemin qui te
« ramènera sain et sauf chez les tiens. » Alexandre se
rassure et prie la voix de lui indiquer le chemin qu'il
doit suivre, ce qu'elle fait aussitôt ; mais il s'aperçoit
que c'est une ruse du diable pour le perdre. Il recule,
et Satan, voyant sa fraude découverte, dit au roi de
Macédoine :

Vois-tu la cele porte qui faite est par mestrie ;
Bien connistras les letre, car tu ses de clergie.

Alexandre se rend à cette porte, lit avec joie les
caractères qui désignent son chemin, et, content du
service que le diable lui a rendu, il va soulever la pierre
sous laquelle Satan est enfoui, le laisse sauter à son
aise pour célébrer sa délivrance, et sort enfin du val
périlleux.

Après quelques heures de chevauchée, il aperçoit les pavillons de son camp et se retrouve au milieu de ses barons qui n'espéraient plus le revoir.

Le lendemain, on tourne le dos au val périlleux et on se dirige vers les côtes de l'Océan. Ici une rude épreuve attendait l'armée d'Alexandre. Des femmes sortent de l'eau, en faisant entendre des sons mélodieux : nues, couchées au milieu des roseaux, laissant aller au vent leur luxuriante chevelure, elles livrent leur beauté à la discrétion de ceux qui viennent à elles ; mais leurs caresses sont perfides, leurs baisers donnent la mort. Alexandre se hâte d'arracher ses soldats à cet enivrement funeste.

Tandis qu'ils continuent leur route, quatre vieillards, noirs comme des mûres, hauts de quatorze pieds, le corps velu comme des ours, le front armé de cornes de cerf, se présentent à la tête de l'armée. Les chevaliers se disposent à fuir ; mais Alexandre arrête un des vieillards par les cheveux et lui demande qui ils sont et où ils vont. Le monstre fait entendre un grand cri ; les autres saisissent une énorme pierre ; ils allaient tuer le roi si Philotas, Ptolémée et Nicanor ne les avaient arrêtés. On leur attache les bras derrière le dos, et Alexandre renouvelle sa question, jurant de les faire rôtir s'ils ne disaient pas la vérité. Alors le plus âgé d'entre eux explique au roi qu'ils vont à travers le désert vers trois fontaines qui sont fées. L'une rend la jeunesse à ceux qui l'ont perdue ; l'autre donne l'immortalité, mais à un seul homme et une seule fois l'année ; la troisième ressuscite les morts le cinquième jour après qu'on les a déposés sur ses bords. « Conduisez-moi à ces fontaines, « s'écrie Alexandre, et je vous donnerai plus d'or, « d'argent et de chevaux que vous n'en sauriez de- « mander ! »

On part aussitôt, et l'on découvre bientôt l'une des sources, celle qui ressuscitait les morts. Le cuisinier qui préparait le repas ayant laissé tomber dans cette eau des poissons qui venaient d'être frits, ils se mirent gaillardement à nager. En mémoire de ce prodige, les Macédoniens élevèrent une tour auprès de la fontaine. Mais ce que désirait Alexandre, c'était de se baigner dans celle qui empêchait de mourir. Tandis qu'on se dirige vers cette source à marches forcées, un homme fort riche, nommé Enoc, devance le roi, se jette dans l'eau, puis revient, séché à peine, raconter sa prouesse au roi de Macédoine d'un air de défi. Alexandre, ne pouvant le faire mourir, l'attache à un poteau où il demeure cloué dans le désert.

On part ensuite pour visiter la troisième fontaine ; mais Bacchus et Hercule, souverains de ces lieux, suscitent mille obstacles à l'armée. Ce sont des hommes fendus jusqu'au nombril et velus comme des bêtes qui lancent des pierres et des flèches contre les Macédoniens et tuent plus de cinq cents d'entre eux. C'est un tourbillon violent qui renverse les tentes et allume partout l'incendie. Heureusement deux rois du pays, vieillards à la barbe vénérable, viennent au secours d'Alexandre et lui offrent de lui servir de guides. Ils le mènent en effet dans une verdoyante prairie aux herbes fleuries, dont les sucs aromatiques rendent la santé aux blessés et la virginité aux damoiselles. Au milieu est un verger aux arbres toujours chargés de fruits, et sous chaque arbre se tient une jeune fille de haut parage, au corps gracieux, au teint plus blanc que le lis. Ces nobles jouvencelles sont vêtues de magnifiques étoffes de soie, couleur de pourpre et rehaussées d'or. Quand approche l'hiver, elles disparaissent sous la terre et ne reviennent qu'au printemps : alors, semblables aux roses, elles s'élancent comme d'une tige et se balancent dans le calice des fleurs. Alexandre s'abandonne quelque temps aux charmes de ce lieu de délices ; mais il est bientôt rappelé au souvenir de la troisième fontaine, et il repart pour aller à sa recherche.

Les épreuves n'étaient pas terminées : on descend dans une vallée pleine de serpents et de couleuvres qui

vomissent des flammes ; plus loin, une pluie de sang
tombe sur l'armée. Mais rien ne rebute le héros macédonien, et il atteint enfin le but de ses désirs. On aperçoit la fontaine entourée d'arbres, dont les parfums sont
plus doux que l'encens. Sur la rive sont des lions sculp-
tés en or pur, gardés par des dragons volants : de leur
bouche coule l'eau de Jouvence qui rend la jeunesse.
A l'entour est une haie d'arbres artificiels, faits de rubis.
Des pavillons de soie, dallés de cristal et soutenus par
des piliers de marbre blanc, s'élèvent auprès de la fontaine, dont la source est un des fleuves du paradis ter-
restre. Les Grecs se hâtent de s'y plonger, et les plus
âgés d'entre eux reviennent à leur trentième année.
Cependant Alexandre songe à découvrir d'autres merveilles, et demande à ses guides s'ils n'ont plus rien à
lui montrer. « Sire, répondent les vieillards, il est au
« fond des déserts deux arbres qui ont cent pieds de
« haut, qui comprennent tout langage et qui savent
« l'avenir. » — « Allons les consulter », répond
Alexandre ; et il part à la suite des vieillards.

La nuit commençait quand on arriva auprès des
arbres fatidiques. Un prêtre, nommé Chenobulas, vient
au devant du roi. C'était un homme haut de douze
pieds, ayant les dents blanches et les yeux noirs comme
du charbon. « Si tu désires connaître l'avenir, dit-il à

« Alexandre, commence par jurer que tu ne révéleras pas
« un seul mot de ce que tu vas entendre ; prends avec
« toi deux de tes compagnons, questionne les arbres
« et écoute leur réponse. » Alexandre se fait suivre de
Perdiccas et Philotas, et interroge les arbres sacrés ;
alors une voix sort de leur cavité et lui crie :

> *Onques ne fus vencus, ne ja ne le seras :*
> *Se doutes morir d'armes, jamais ne le seras.*
> *A I an et V mois Babilone penras ;*
> *Parfais sera li mois quant tu y parvenras,*
> *Ne ja après le mois I seul jor ne veras ;*
> *Sires seras de l'mont, ains de venin moras.*

Alexandre frémit de terreur ; ses barons fondent en
larmes ; mais bientôt il relève la tête : « Marchons,
« s'écrie-il, marchons à Babylone ; je serai maître de
« l'univers ; j'aurai la tour qui s'élève jusqu'au ciel et
« je tuerai le serpent qui la garde. »

Pourtant, malgré lui, le roi est frappé de la sinistre
prédiction : son air morne et silencieux, sa tête incli-
née, tout fait penser qu'il a reçu de sombres avertis-
sements. Porus croit que c'est à lui qu'il appartient de
réaliser le fatal augure qu'il suppose avoir été annoncé
à Alexandre. Il convoque ses chevaliers indiens et défie l'armée macédonienne ; mais Alexandre ne veut pas

compromettre inutilement la vie de ses soldats ; il offre à Porus de se mesurer avec lui en combat singulier. Le roi de l'Inde accepte : la lutte est furieuse ; Porus coupe les deux jarrets de Bucéphale, qui tombe pour ne plus se relever ; Alexandre se jette l'épée à la main sur son adversaire dont il brise le casque. Porus se retire dans son camp, et Alexandre ordonne des funérailles superbes en l'honneur de son fidèle Bucéphale, et fait bâtir en souvenir de lui une ville nommée Bucéphalie.

Le lendemain, le combat recommence, et le roi de Macédoine, d'un coup de sabre, tranche la tête de son rival.

Les Macédoniens, un moment arrêtés par la trahison de Porus, reprennent leur route vers Babylone, mais un nouvel incident suspend de nouveau leur marche. Candace, reine de Méroé, parente et alliée de Porus, ne peut résister au désir de voir le prince valeureux qui avait soumis la terre à ses lois. Elle lui envoie de riches présents : une cargaison d'or moulu, un mulet chargé de pourpre à or frisé et les soixante plus beaux destriers de son pays. Alexandre est sensible à cet hommage, et fait répondre à la reine qu'elle peut compter sur son affection. Candace, comblée de joie à cette réponse, transmet au roi de nouveaux gages de

son admiration et de son amour ; elle joint à l'ambas-
sade un peintre habile, chargé de faire le portrait
d'Alexandre. Celui-ci consent à laisser reproduire ses
traits, et le peintre repart vers la reine avec l'esquisse
qu'elle souhaitait si vivement.

Cependant, les habitants de la contrée sur laquelle
régnait Candace s'étant réunis pour faire un sacrifice à
leur Dieu, et Candéolus, fils de la reine, s'y étant rendu
avec sa jeune épouse, il arriva que le duc de Palatine,
épris de cette dernière, fondit à l'improviste sur le
cortège de Candéolus et lui enleva sa compagne. Le
jeune prince accourt au camp d'Alexandre. A l'entrée
de la tente du roi, il aperçoit Ptolémée qu'il prend pour
Alexandre. Il lui raconte ses griefs, lui demande aide
et protection. Ptolémée se retire dans la tente pour
raconter l'affaire au roi : celui-ci lui met sur la tête son
diadème, lui fait revêtir sa chlamyde et le prie de jouer,
en cette circonstance, son propre rôle. « Rentre, lui
« dit-il, dans la salle où t'attend Candéolus, et fais
« appeler Antigone, le chef des gardes. » Ptolémée
exécute les ordres du roi. Alexandre se présente sous le
nom d'Antigone. Alors Ptolémée : « Antigone, dit-il,
« voici le fils de la reine Candace qui vient se plaindre
« que sa femme ait été enlevée par le duc de Palatine.
» Que me conseilles-tu de faire ? » — « Roi, répond le

« faux Antigone, fais armer tes barons, mets-toi à leur
« tête, marchons sur Palatine, et allons arracher l'épouse
« de Candéolus à son ravisseur. » Ptolémée n'a garde
de désapprouver cet avis : l'armée est dirigée sur Palatine ; la ville est prise d'assaut, le duc pendu, et la
femme de Candéolus est rendue à son mari. Le jeune
prince vient adresser ses remerciements à Ptolémée et
le conjure de se rendre auprès de sa mère, qui désire
lui témoigner elle-même toute sa reconnaissance.
Ptolémée refuse, mais délègue à sa place le faux Antigone. A la vue d'Alexandre, Candace reconnaît le roi
macédonien ; elle se trouble, hésite, et a peine à retenir
l'expression de son amour. Dès que son fils s'est retiré,
elle prend Alexandre par la main, le conduit dans la
chambre où elle a placé son portrait, et le supplie
d'écouter les vœux d'une femme qui l'aime et qui a
son excuse dans la gloire d'un héros tel que lui.
Alexandre résiste et la prie, au nom de cette même
gloire, de ne point souiller, elle et lui, l'éclat dont brille
leur renommée. Candace, épurant son amour au
contact d'une si noble vertu, ne laisse plus parler dans
son cœur que l'admiration et le respect, et après avoir
fait les plus riches présents au héros macédonien, le
reconduit jusqu'à son camp.

Rien ne manquait à la gloire d'Alexandre ; mais la

terre ne suffisait plus à son ambition, il voulait aller jusqu'au ciel. Il fait construire une espèce de cage en cuir, solidement clouée, enduite de glu et pourvue de fenêtres. Il commande aux charpentiers d'y atteler huit griffons, et il entre dans cette nouvelle arche, tenant au bout de sa lance un morceau de chair qu'il élève au-dessus de la tête des griffons [1]. Ceux-ci, la *gueule béante*, veulent l'atteindre et emportent la machine dans les plus hautes régions de l'atmosphère ; mais la chaleur qui fait crisper le cuir effraie le roi, il songe à redescendre, abaisse sa lance, et les griffons le ramènent au milieu de son camp.

Voyant qu'il ne peut monter au ciel, Alexandre n'en désire qu'avec plus d'ardeur de s'emparer de la tour de Babel, le plus puissant monument du génie des hommes. Il s'avance donc à marches forcées vers Babylone. L'amiral Nabusardan oppose une vigoureuse résistance ; mais, après une série de luttes générales et de combats singuliers, Nabusardan est vaincu, Alexandre s'empare de la tour de Babel, et, du haut de ces créneaux, s'écrie

---

1. Ce serait en souvenir de cet exploit d'Alexandre, inventé par Lambert le Tort, que la famille bretonne des Le Court porterait sur son écu *un griffon volant d'argent sur un champ de gueules !* C'est là une des preuves les plus concluantes de l'origine bretonne de notre trouvère !

avec orgueil que l'univers est à lui. « Pas encore, lui
« répond Sanson, un des amis de Nabusardan ; un
« pays s'est encore dérobé à ta conquête. » — « Quelle
« est cette contrée ? » s'écrie Alexandre. — « C'est le
« royaume des Amazones », répond Sanson. — « Eh
« bien ! dit le roi de Macédoine, allons chez les Ama-
« zones ! »

Après quinze jours de marche, on arrive auprès du
fleuve Méothédie, qui conduit à l'île où habitent les
Amazones. Mais la reine Amabel, avertie de l'approche
d'Alexandre, députe vers lui deux jeunes filles, gracieuses
et belles, nommées Flore et Beauté, chargées de lui
offrir riches étoffes de soie, or fin d'Arabie, et trente
hanaps dorés, que donna jadis à la reine le roi Salomon.
Le roi de Macédoine est touché de cet hommage comme
il l'avait été de celui de la reine Candace, et charge les
jeunes filles de retourner dire à leur reine combien il
est sensible à ses présents. Mais Ariston et Clitus ont
été frappés de la beauté des gentes demoiselles, et au
moment où elles sont pour repartir, ils se jettent aux
pieds du roi et le conjurent de les leur donner pour
épouses. Alexandre y consent, et un chapelain célèbre
cette double union. Le roi dépêche alors l'un de ses
barons vers la reine, pour la prier de vouloir bien se
rendre au camp des Macédoniens. Amabel arrive suivie de

mille guerrières ; elle fait faire à sa troupe de brillantes
manœuvres, et, après avoir séjourné quelques jours au
camp, elle se sépare d'Alexandre en lui faisant les plus
tendres adieux.

Alexandre revenait à Babylone, lorsqu'il rencontre
un chevalier de Chaldée, nommé Gratien, qui se plaint
d'avoir été chassé de sa terre par Melchis, fils de Balsa-
mour, et demande l'aide et la protection du roi.
Alexandre ne peut refuser. Il fait tourner ses troupes
vers la Chaldée, et se trouve, au bout de quelques jours,
sous les murs d'une ville nommée Defur. Là comman-
daient deux chevaliers pleins de valeur, Dauris et Floridas. Ils refusent de livrer leur ville au conquérant
macédonien et font prévenir Melchis de venir à leur
secours. Grands combats, grandes prouesses de part et
d'autre. Enfin Melchis est tué par Gratien ; Dauris et
Floridas sont mis en fuite ; Alexandre entre dans Defur,
pardonne aux vaincus et marie Dauris avec sa fiancée
Escavie.

Le terme fatal marqué par les arbres prophétiques
commençait à approcher. Alexandre rentre à Babylone
pour y tenir une Cour solennelle, au milieu de tous ses
barons. Il reçoit de sa mère Olympias une lettre qui lui
découvre un affreux complot tramé contre ses jours par
Antipater et Dymnus, deux officiers qu'il a comblés de

ses présents. Il mande aussitôt les deux traîtres à Babylone, pour les empêcher de réaliser leur dessein. Mais
c'est en vain que, le jour du repas solennel qui doit
inaugurer les états généraux de l'univers convoqués
par le roi, Alexandre ordonne aux serviteurs de se tenir
les bras nus, de peur qu'ils ne cachent dans leurs
manches le poison qu'il craint de se voir verser, un
des échansons tient en main une coupe d'or richement
ornée de pierres précieuses, et a, sous l'ongle d'un de
ses doigts, une goutte de poison qu'Antipater a tiré du
sang des serpents les plus venimeux. Avant de boire,
Alexandre laisse la coupe à goûter à l'échanson qui la
lui présente. Celui-ci la porte à ses lèvres, et feint
d'avaler le vin qu'il retient dans sa bouche et qu'il
rejette en se détournant. Le roi prend la coupe et boit
sans défiance. Mais à peine quelques gouttes ont-elles
pénétré dans son corps, qu'il frémit, chancelle et tombe
comme frappé d'une flèche. Roxane, sa nouvelle épouse,
Antigone, Ptolémée, Perdiccas et tous les chevaliers se
précipitent vers lui, le reçoivent entre leurs bras et le
portent sur un lit d'or à drap de soie. Il y reprend ses
sens, et se voyant entouré de ceux qu'il aime :

Barons, dist Alixandre, tousjors vous ai promise
Onour et grant rikecce, se Babilone ert prise.

Nous avons, merci Dieu, mainte tiere conquise,
Dont les gens sunt perdue, confundue et malmise.
Or, volrai de vus tos faire rois par devise
Si que cascuns ara le soie tiere assise.
S'en sera, se Deu plest, m'ame en paradis mise,
Que ferai XII rois en la tiere k'ai prise.

Et en effet il fait entre ses douze pairs le partage de
ses conquêtes. Puis, se soulevant par un suprême effort,
il s'écrie : « Compagnons, j'ai encore un legs à vous
« faire. C'est la France, contrée rude à conquérir, avec
« Paris, sa capitale. La France est la reine du monde :
« rien n'égale la valeur du peuple qui l'habite. Recevez-
« la, ainsi que la Normandie, l'Angleterre, l'Écosse et
« l'Irlande. Que ces terres du couchant soient à vous ! »
Sa tête s'incline, ses yeux se ferment, et les *Saints du*
ciel emportent au séjour éternel son âme qui s'exhale de
ses lèvres.

Nos trouvères s'arrêtent ensuite à décrire la douleur
et les cris des soldats qui furent si grands que

Se Dex tonast e l'ciel, ne fust-il pas oïs.

Ils font le récit des funérailles et du tombeau du
héros macédonien, et terminent ainsi leur longue
épopée :

Li rois qui son royaume veut par droit gouverner,
Et li dus et li conte ki tiere ont à garder,
Tout cil doivent la vie Alixandre escouter :
Se il fu crestiens, onques ne fut teus ber,
Rois ne fu plus hardi, ne mius seut parler ;
Ni onques ne fu hom plus large de donner.
Onques puis qu'il fut mors, ne vit nus hom son per.
N'est droit que pas l'escoutent li escars, li aver.
Tout autres est d'aus, icou puis afremer,
Com il est de l'asnon ki ascoute harper.
Assès vus en pot-on lonjement deviser.
N'en dirai plus avant ; ma raison voel finer.

18 Septembre 1864.

XI

ÉTIENNE CARNEAU

1610-1671

ÉTIENNE CARNEAU

Étienne Carneau naquit à Chartres en 1610, sur la paroisse de Saint-Saturnin. Son père, Nicolas Proust des Carneaux, ou mieux Nicolas Carneau, comme on l'appelait plus simplement, était avocat au bailliage de Chartres, lors de la naissance d'Étienne, le quatrième de ses enfants. Plus tard, il devint historiographe du roi, et publia en cette qualité une histoire de France depuis Pharamond jusqu'à Louis VIII *(De gestis Regum Galliæ compendiosa narratio a Pharamundo ad Ludovicum VIII.* Paris, 1617, 1623) ; un récit des faits de Louis XIII en Normandie et en Aquitaine *(De gestis Ludovici XIII in Normannia et Aquitania compendiosa descriptio.* Paris, 1620, in-8°) ; une narration de la conquête de l'île de Rhé *(De regis expeditione in insula Rea adversus Subizium.* Paris, 1622, in-24) ; enfin une histoire du siége de la Rochelle (*De obsidione urbis Ruppellæ libri quatuor.* Paris, 1630, in-8º).

Si l'on en croit D. Liron, Étienne aurait commencé par apprendre la jurisprudence avec son père et serait même devenu avocat au Parlement de Paris. Mais nous croyons qu'ici, comme en beaucoup d'autres endroits, D. Liron est dans l'erreur et aura confondu le fils avec le père. En effet, nous voyons que, dès l'année 1634, c'est-à-dire alors qu'il avait à peine 24 ans, Étienne Carneau était engagé dans l'ordre des Célestins. A cette date, Henri de Sourdis, archevêque de Bordeaux, accorde à Étienne Carneau, prêtre religieux célestin, l'autorisation de prêcher dans son diocèse. L'année suivante, Carneau est curé de Coullemette, auprès de Montdidier, au diocèse d'Amiens, et déjà il fait ses essais de poésie et de bel esprit. Nous avons de lui une ode, composée en 1639, et adressée à Monseigneur l'évêque d'Amiens sur son premier synode général. Cette pièce contient 22 strophes de 10 vers chacune; il loue son prélat du soin qu'il prend de maintenir le bon ordre dans son diocèse en réformant les abus; il trouve dans *Franc favorisé* l'anagramme de François Faure son évêque. Les anagrammes étaient, comme on le sait, fort à la mode au commencement du xviie siècle, et Étienne Carneau se distingua par sa subtilité dans ce genre de récréation. Il commença par décomposer son nom : Étienne Carneau, *Sacré en ta veine ;* Stephanus Carneau, *Pennâ charus vates.* Le nom de la reine Marie-Thérèse d'Autriche, infante d'Espagne, lui fournit ce vers : *Ne mérites-tu pas d'être reine de France ;* celui de Colbert, Joannes-Baptista Colbertius, est ainsi figuré : *Actis a te non tibi sub sole par.* Enfin le plus célèbre des anagrammes de Carneau est sans contredit celui qu'il trouva pour cette demande adressée à Jésus-Christ par Ponce-Pilate : Quid est veritas ? *Est vir qui adest.*

Mais avant d'examiner les œuvres de notre auteur chartrain, nous voulons continuer sa biographie. En 1636, nous le rencontrons au couvent de Verdelais, dans la paroisse d'Aubiac, au diocése de Bordeaux : en 1639, il est sous-prieur dans le Vivarais ; enfin en 1641, il revient au couvent de Paris, d'où il ne devait plus sortir jusqu'à sa mort. Celle-ci arriva le 17 septembre 1671 : déjà, l'année précédente, il avait été pris de suffocations qui avaient failli le faire périr, et, pendant sa maladie qui laissait à son esprit toute sa liberté, il avait composé pour lui-même diverses épitaphes, que nous avons recueillies écrites de sa propre main :

Corpus alat vermes cœco telluris in antro
Et pereat, mentem dummodo Christus alat.

Cy-gist qui, s'occupant et de vers et de prose,
A su quelque renom dans le monde acquérir ;
Il aima les beaux-arts, mais, sur toute autre chose,
Il médita le plus sur l'art de bien mourir.

Et, de peur d'être surpris par la mort, il avait placé cette profession de foi à la tête de son lit :

Si par ma forte fluxion
Je perdois soudain la parole,
Mon âme, avant qu'elle s'envole, ·
Désire l'extrême-onction.

Les œuvres imprimées d'Étienne Carneau, au moins les seules que nous connaissions, sont les suivantes :

Vie de Saint Pierre de Luxembourg, archidiacre de Dreux et cardinal. Paris, 1630, in-12.

La Naissance du Fils de Dieu en notre chair, cantique spirituel, dédié à Henriette de Lorraine, abbesse de Notre-Dame de Soissons. Paris, Jean Paslé, 1643, in-4°.

L'Économie du petit monde ou les Merveilles de Dieu dans le corps humain, poésie chrétienne, dédiée au sieur de Grenaille, écuyer, seigneur de Châtonniers. Rouen, 1645, in-4°.

La Pièce de cabinet, dédiée aux poètes du temps. Paris, Jean Paslé, 1648, in-4°.

Les Captifs délivrés par les RR. PP. de l'ordre de la

Sainte-Trinité dits Mathurin, présentés au roy le 13 septembre 1654. Paris, Fr. Noël, 1654, in-4°.

Stances chrétiennes sur l'anagramme royal de Christine, reine de Suède. Paris, Alex. Lesselin, 1656, in-4°.

A Mgr le marquis de Rostaing, sur le différend de l'antimoine, sonnet, in-4°.

La Stimmimachie ou *le grand combat des médecins modernes touchant l'usage de l'antimoine,* poème historicomique. Paris, Jean Paslé, 1656, in-8°.

A M. Guénaut, médecin du roy, sur l'heureuse convalescence de Sa Majesté par ses soins, sonnet, in-4°.

La Pompe magnifique faite à Rome aux funérailles de Maani Gioëvisa, babylonienne, épouse de Piétro della Valle le voyageur, gentilhomme romain, avec les douze épitaphes ou éloges de Maani sous autant de vertus.

De toutes ces œuvres, la plus célèbre sans contredit, celle qui valut à Carneau sa réputation

> .....*Carnœi priscis æquanda poetis*
> *Calliope.* [1]. ...

est la Stimmimachie.

Elle est encore aujourd'hui assez répandue : aussi,

[1]. Epitre dédicatoire placée en tête des *Colloques d'Erasme*. Paris, Cl. Thiboust, 1674, in-12.

comme nous avons à parler un peu longuement d'œuvres beaucoup moins connues de notre poète, nous ne
nous y arrêterons que le temps d'en expliquer le sujet
et de rapporter les principales pièces, imprimées ou
non imprimées, auxquelles ce livre donna naissance.

Dans le même temps que la théologie s'échauffait
sur les différends de la grâce, la médecine se divisa sur
la querelle de l'antimoine. Les médecins soutenaient,
les uns que ce minéral était un poison, les autres, qui
composaient le plus grand nombre, le regardaient
comme un remède salutaire. Le P. Carneau se déclara
pour ces derniers et se distingua dans le parti par une
raillerie des plus ingénieuses. Dans sa *Stimmimachie,*
il fait paraître les différents membres de la Faculté, avec
chacun les armes de sa profession, ardents à se combattre les uns les autres. Cet ouvrage, et quelques autres vers qu'il fit à la louange du médecin Renaudot sur
son livre de l'*Antimoine triomphant,* en satisfaisant un
parti, irritèrent l'autre qui n'épargna pas l'auteur. Quatre
brochures furent publiées successivement sous les titres
le *Rabat-joye, Pithœgia, Antilogia* et *Alethophane.* Carneau
et les docteurs de son parti : Guénaut et Chartier, médecins du roi, Thevart, médecin, Le Vignon, médecin
de la duchesse de Lorraine, de Mauvillain, des Fouge-
rais, Renaudot, Garbe, et cent autres, y étaient traités

si cruellement qu'ils intentèrent un procès contre ces libelles. Un monitoire de l'official de Paris, une sentence du Châtelet, deux arrêts du Parlement leur donnèrent gain de cause. Les auteurs ne s'étant pas fait connaître, Louise Gelée, veuve de Jean Guillemot, qui avait imprimé ces ouvrages, fut condamnée à payer l'amende et à garder la prison.

Malgré sa victoire, Carneau fut affligé des violences de ses adversaires : on en trouve maintes preuves dans ses œuvres. Mais s'il rencontra des critiques et des envieux, il ne manqua pas de beaux esprits qui chantèrent ses louanges. Scarron, Beys, Colletet s'empressèrent de le féliciter : d'autres poètes, moins connus, joignirent leurs éloges à ceux de ces princes de la poésie d'alors : un grand nombre de lettres de félicitation furent adressées au valeureux champion de l'antimoine.

Par un heureux hasard, ces lettres et les notes manuscrites de Carneau tombèrent entre les mains de Louis-François Daire, sous-prieur et bibliothécaire des Célestins de Paris, qui vint mourir à Chartres le 8 mars 1792. C'est ainsi que ces précieux documents, achetés par un des bibliophiles les plus éclairés de notre ville, ont pu parvenir entre mes mains, et que, craignant de les voir un jour de nouveau perdus pour nous, j'en ai extrait ce qui m'a paru mériter le plus d'intérêt.

Ainsi, parmi les lettres reçues par Carneau au sujet de son combat contre les ennemis de l'antimoine, il en est deux qu'il m'a semblé bon de sauver de l'oubli. Elles sont du P. Delafosse, religieux missionnaire de l'ordre de Saint-Lazare : bien que ne renfermant que peu de détails sur notre auteur lui-même, elles offrent un curieux spécimen du style du temps, et contiennent de précieux renseignements sur la discipline de la maison de Saint-Lazare.

                                        7 de juin.

Monsieur et Très Révérend Père,

Je vous félicite de votre heureux retour de la campagne et du bon succès des stibiaires, mais je m'attriste d'avoir esté privé de la lecture de la lettre que vous pristes la peine de faire tenir au portier de notre maison, à ce que m'a dit M. Nicas, car le portier dit qu'il ne sçait ce que c'est. Votre Révérence n'est peut-estre pas advertie que de cent lettres qu'on nous envoye

    Ad nos vix tenuis famæ perlabitur aura,

que nous sommes à la miséricorde du supérieur, qui les retient si bon luy semble, et que le portier a reçu ordre de ne rendre raison à personne des subjects de notre compagnie de quoy que ce soit. Il garde le secret de Cérès,

    Æstuat occultis animus semperque tacendis.

De m'adresser à M. Vincent ou à son assistant pour sçavoir

comme cette lettre a esté interceptée, je n'ay garde de m'y frotter,

Periculosæ plenum opus aleæ.

Vous voyez, Monsieur, comme je suis privé d'avoir communiquation avec les personnes d'éminent sçavoir comme est Votre Révérence. Ce n'est pas la première foys que *Inquisitores algæ* espient les personnages qui me font l'honneur de m'escripre. Je ne sçay pas le contenu de la lettre ny ne puis en juger, mais

Res est solliciti plena timoris amor,

et n'ignore pas qu'il y a plusieurs choses innocentes et ingénieuses entre amys qui peuvent paroistre quelquefois criminelles à d'autres qui ne sçavent pas le mot pour rire. La main me tremble mesme à présent que j'escrips, et appréhende qu'on ne sçache que je vous envoie celle-cy furtivement : c'est un coup hardi, *audax et præceps opus.* Si j'ai eu autrefois quelque petite pointe d'esprit, je puis dire avec Ovide

Ingenium tantis excidit omne malis.

C'est pourquoy je m'addonne désormais aux sciences plus pesantes et plus lourdes et qui ne demandent que de l'assiduité.

Non benè conveniunt nec in unâ sede morantur
Missio, *et ingenuâ manantia carmina venâ.*

Je suis et seray, etc.

Jacques DELAFOSSE,
Prestre indigne de la Mission.

MON RÉVÉREND PÈRE,

J'ay receu le livre de vers que vous m'avez envoyé, j'en avois desjà un, mais je ne puis le refuser venant de vostre

main ; je m'en tiens bien glorieux et me prévaudré de cette
faveur. Je vous avoue, mon cher Père, que j'admire vostre
fécondité, érudition et gentillesse ; il ne se peut rien penser de plus à propos sur le subject : il n'y a qu'un esprit
mal faict qui puisse syndiquer cette honeste façon d'escrire ;
vous serez tousjours loué par des personnes d'esprit

Pollice honesto

Ingenuos lusisse sales.

L'estat de religieux n'oste pas les belles connoissances et
n'est pas incompatible avec la subtilité d'esprit ;

Vita severa tua est, musa jocosa tua est.

Que les envieux enragent : c'est honneur d'estre envié,
comme dit le poète. Pour moy, je voudrois estre capable
d'estre envié et courrir la lice comme les autres ; mais, outre
mon incapacité, j'ay des raisons très puissantes qui m'obligent
à me tenir clos et couvert. C'est pourquoy, Monsieur, je vous
supplie à jointes mains de ne donner mot de moy, nec palam
nec cum scrobe, de peur que je ne fasse paroistre mes oreilles
d'asne. J'ai eschappé belle ; nostre compagnie est tout à faict
esloignée de ces productions, et je n'aurois pas peu à souffrir si on sçavoit que j'ai faict les moindres vers. . . . .

Jacques DELAFOSSE.

Nous avons voulu également conserver une pièce
de vers, adressée à Carneau à cette époque par le sieur
Courdes, pharmacien à Paris, cité avec éloge pour ses
poésies. Elle renferme bien des trivialités, mais alors
qu'on professait tant d'admiration pour le Virgile tra-

vesti et le *Roman comique,* il ne faut pas s'étonner qu'elle ait pu rencontrer quelque faveur.

COURDES, *pharmacien à Paris.*

AU R. P. CARNEAU.

CERTIFICAT.

Je veux chanter ou bien descrire
Sur le papier non sur la lire
L'Antimoine qui m'a guéry
Et dont je ne fus pas marry,
Quand, par un advis salutaire,
Trois médecins de mine austère,
En l'ordonnant pour me purger,
Me tirèrent d'un grand danger.
Ce fut au temps que la vendange
Remplit la fustaille en vuidange,
Et que Bacchus dans nos selliers
Fait bonne mine aux sommelliers,
Qu'une fiebvre longue et maligne,
Sans respect du Dieu de la vigne,
S'empara de mon pauvre corps,
Tant par dedans que par dehors.
Mon ventre, aussi dur qu'une pierre,
Grondoit comme un petit tonnerre,
Et se mocquoit de mon bassin,
A la barbe du médecin.

Mes intestins, dans les tortures,
Sembloient luy dire des injures,
Et, le prenant pour un canard,
Après luy crioient Au regnard !
Plus triste qu'un sacq qu'on emposche,
Penaux comme un fondeur de cloche,
Ce disciple de Galenus,
En marmotant des oremus
Qui ne sont pas dans le brévière,
Affin de luy donner carrière,
Ordonna, malgré ses abois,
Qu'on me seigneroit quatre fois ;
Que je prendrois, par tentative,
De la ptisane laxative
Deux grands verres, par chacun jour.
Mais à beau jeu fut beau retour ;
La fiebvre, un peu trop arselée
Et peut-estre mal conseillée
Comme ces Messieurs du Palais,
Parut plus grande que jamais,
Mit tout à feu dans mes entrailles,
Prémédita mes funérailles ;
Et, donnant dedans ma maison
Le croc-en-jambe à ma raison,
Me fit tomber dans un délire
Qui faisoit plus pleurer que rire.
Tout mon bonheur estoit cordé ;
Mais Monsieur Garbe ¹ fut mendé,

1. Célèbre médecin, un des plus ardents défenseurs de l'antimoine.

Homme scavant comme Hippocrate,
Et dont l'expérience esclatte
Plus mille fois que je ne dy
Et qu'un soleil en plain midy.
A son abord, dame Lancette,
Qui fesoit bien de la doucette,
Joua son jeu sept ou huict fois,
Et la mort avec son carquois,
Dedans mes yeux en embuscade,
M'alloit mettre en capilotade,
Et tout chacun probablement
Faisoit de moi tel jugement.
Désespérant de tout remède,
Je criois vainement à l'aide :
Enfin j'estois prest à mourir,
Sans que l'on pust me secourir.
Mais il advint, par bon encontre,
Qu'un mien voisin, logé tout contre,
Et que lui mesme avoit traitté
Ou bien plustost ressuscité,
Dit à ma garde en sa boutique
Qu'il avoit pris de l'hermétique,
Estropiant un peu son nom,
Un mardy durant le sermon.
Notez qu'il estoit jour de feste ;
C'est pour confondre quelque beste
Qui pourroit dire en estourdy
Qu'on ne presche pas le mardy.
Tant y a que maistre Grégoire,
Dont le nom rime et vient à boire,

En beut deux livres en trois jours,
Ce qui fit prendre un autre cours
Au mal caché dans les viscères,
A la honte des émissaires,
Qui sont remèdes étrangers
Pris dans le Compost des bergers
Ou dans Arnault de Villeneufve,
Qui font plus d'une femme veufve
Et qui nous mettent au tombeau :
Mais cela n'est ny bon ny beau.
Ayant appris cette nouvelle,
Je m'imprimé dans la cervelle
Qu'il falloit que mon médecin
De m'en donner prît le dessein.
Il consulta sur ses affaires
Avecque deux de ses confrères,
Qui l'approuvèrent comme luy ;
Dont la Parque eut un tel ennuy
Qu'elle en gasta lict et chemise.
Enfin, dès la première prise,
Mon ventre s'estant desgorgé,
Je me trouvay bien soulagé ;
Ma fiebvre mesme diminue.
Par son conseil je continue ;
J'en prends deux fois à mesme jour :
Mon mal desloge sans tambour :
Il va chercher une autre hauberge.
Mon corps dans l'ordure submerge ;
Mes esprits plus guais retournez
Font à la fiebvre un pied de nez.

Cette hôtesse malencontreuse,
Chagrine, maussade et fascheuse,
Aussi niaize qu'un oyson,
Quitta son logis et maison ;
A ma santé fit banqueroute
Et prit ailleurs nouvelle route.

.

Ainsi que nous l'avons dit, l'œuvre la plus célèbre de Carneau fut son poëme pour la défense de l'antimoine ; cependant, il s'était déjà fait connaître, quelques années auparavant, par un ouvrage de moins longue haleine, mais qui eut un succès mérité, je veux parler de la *Pièce de Cabinet.* Cette pièce fut imprimée en 1648, mais elle est devenue très rare je dirais même presque introuvable aujourd'hui ; aussi nous en citerons quelques passages : elle nous servira d'ailleurs à étudier un des traits saillants du caractère de notre poëte.

Comme le dit lui-même Carneau dans sa dédicace, « c'est une bouteille qui parle et qui raisonne, estant « pleine de ce qui fait faire raison à la santé des plus « grands Princes, d'une manière bien plus douce que « leurs canons, que l'on nomme leur dernière raison, « ne la font faire à leur puissance. »

La bouteille s'adresse donc aux poëtes et leur dit :

Vous qui par le nectar de vos doctes merveilles
Adoucissez le fiel des plus fascheux ennuis,
Prenez le passe-temps d'entendre qui je suis,
Et prestez à ces vers le cœur et les oreilles.

J'ai fort peu de beauté, quoyqu'on me treuve belle,
N'ayant rien que le ventre et la bouche et le cou :
Toutesfois mon amour rend tant de monde fou,
Qu'aux plus paisibles lieux il sème la querelle.

L'on me void jusqu'au cœur quand je suis toute nue,
Et l'œil qui me regarde en moy-mesme se peint ;
Mais si dans cet estat quelque estourdy m'atteint,
Souvent du moindre choc il me brise et me tue.

D'une humeur sans pareille un Dieu m'emplit le ventre,
Le teignant tour à tour des aimables couleurs
De la rose et du lys, les plus belles des fleurs :
Et le rouge et le blanc sont chez moi dans leur centre.

Le pauvre me tenant quand je suis ainsi pleine
Ne porte point d'envie aux trésors de Crœsus,
Et, traisnant des souliers et des bas descousus,
Il marche avec orgueil comme un grand capitaine.

S'il faut faire un marché, l'on veut que je m'en mêle ;
S'il s'agit d'un contract, j'en conduis les ressors ;
Si parmy les plaideurs il se fait des accors
Pour mieux les affermir il faut que je les scelle.

Apollon, dégousté des liqueurs du Parnasse
Qui n'eurent qu'un cheval pour premier eschanson,
M'appelle quand il fait quelque bonne chanson,
Et pour bien entonner ardemment il m'embrasse.

C'est erreur de penser que dans la poésie
L'on puisse réussir à moins que de m'aymer ;
Tous ceux que mes appas ne peuvent enflammer
N'ont jamais qu'une veine infertile et moisie.

Le copieux Ronsard, l'industrieux Jodèle,
Le grave Du Bellay, l'agréable Baïf
Le tragique Garnier, et Belleau le naïf
Me consultoient souvent comme oracle fidèle.

Desportes m'invitoit à ses mignards ouvrages,
J'entretenois Bertaud dans ses divins élans ;
Et, pour faire des vers plus forts et plus coulans,
Du Perron me mandoit par quelqu'un de ses pages.

Racan, Maynard, Gombault, Saint-Aman, Théophile,
Corneille, Scudéry, Tristan, Mertel, Rotrou
Ont plus puisé chez moy des trésors par un trou
Qu'Ilion n'en perdit cessant d'être une ville.

Lysis, quoique prélat, et Carneau, quoyque moine,
Lorsque leur veine cède à quelque infirmité,
Cherchent plus tost en moy la perle de santé
Qu'aux bouetes de céné, de casse et d'antimoine.

Nous voyons que, dans cette pièce, Carneau ne cèle pas son goût pour la bouteille ; nous en avons d'ailleurs d'autres preuves dans ses manuscrits. Voici d'abord quelques couplets d'une chanson à boire composée en l'honneur des deux fils de France.

Une influence propice
Désarmant nos argoulets
Change en verres leurs pistolets
Et toute leur poudre en espice,
Pour boire et reboire cent fois
Aux deux nouveaux astres françois.

Ces coutelas tant insignes
Teins au sang de nos voisins
Ne coupperont que des raisins ;
Les piques soutiendront les vignes,
Pour boire et reboire cent fois
Aux deux nouveaux astres françois.

Soldats curieux de gloire,
Ralliés vos régimans,
Espagnols, François, Allemans,
Ne vous défiés plus qu'à boire :
Beuvés et rebeuvés cent fois
Aux deux nouveaux astres françois.

Que les branches d'une treille
Vous tiennent lieu de lauriers,
Et que tous vos effors guerriers
N'attaquent plus que la bouteille.
Beuvés et rebeuvés cent fois
Aux deux nouveaux astres françois.

Les lettres de ses amis sont remplies d'allusion à cette inclination pour le vin qui, il faut l'avouer, était beaucoup plus de mise au XVIIᵉ siècle que de nos jours. Le frère de la Garenne écrit à Carneau le 11 mai 1639 : « Je vous demande la mémoire de ma santé lorsque « vous appellerez à votre doux concert la dive bou- « teille, ma chère amie : je vous ferai raison pendant « mon voyage de toutes les puissances de mon âme, « et de grand cœur. » Carneau lui-même explique et justifie ainsi ce penchant. « Il faut, écrit-il à un de ses « amis, du repos et de la récréation dans ces grandes « carrières à des esprits médiocres comme le mien, « devant qu'ils en puissent atteindre le bout, et j'avoue « que je ne scaurois longtemps travailler pour le ciel « sans avoir un peu besoin des consolations de la terre. « Le vin, dont je loue l'usage modéré dans les vers « que vous avés de moy, m'en fournit d'assés douces « quand je le prens pour antydote contre les noires va- « peurs que la mélancholie, compagne inséparable de

« la vie monastique, s'efforce de m'envoyer au cerveau
« pour y troubler la source des belles visions néces-
« saires à la poésie. Notre condition, tenant toujours
« nos facultés comme suspendues entre le ciel et la
« terre, les entretient dans un estat mitoyen qui ne leur
« laisse goûter qu'en idée les plaisirs de l'un et de
« l'autre, d'autant que les chaisnes matérielles du corps
« nous empeschent de nous transporter vers ceux-là
« et les biens spirituels de la religion nous défendent
« l'approche des autres, il ne reste que cet agréable
« charmeur des ennuis, pour qui j'ay fait cette pièce,
« par manière d'entracte d'une plus grave et plus con-
« forme à ma vocation, où j'occupe le meilleur de mon
« loisir. »

C'est sans doute quand il avait fait un peu abus de
son antidote qu'il écrivait des épigrammes telles qu'on
en retrouve deux dans ses manuscrits, épigrammes si
crûment assaisonnées que c'est à peine si j'ose citer,
comme échantillon, quelques vers de la plus réservée :

Si le ciel bienveillant m'avoit fait naistre prince,
Je ne voudrois en rien fatiguer la province
Et je retirerois un facile tribut :
Je me ferois payer un écu par cocu..

C'était là le style et les mœurs du temps : cela n'empêchait pas Etienne Carneau d'être un fort bon moine, un parfait croyant : à côté de ces petites pièces de vers qu'il a fort travaillées, car on y voit des variantes et des ratures, on trouve des quatrains sur la Sainte Vierge, sur le Purgatoire, sur le Jugement dernier, une paraphrase du *Sacris solemniis,* des noëls sur la naissance du fils de Dieu, des instructions pour bien entendre la Sainte Ecriture par les commentaires des Saints Pères, etc., etc. Et tout cela sincère ; la bonne foi a des accents qui ne peuvent tromper.

Dans un autre genre, voulez-vous encore un exemple de la licence qui régnait alors dans le style, écoutez la conclusion de ce sonnet adressé par Colletet à Etienne Carneau.

En dépit du pédant qui fit le Rabat-Joye,
Je bois à la santé de l'illustre Guenaut :
Le pédant est sans nom, l'illustre est sans deffaut,
L'un mérite qu'on l'ayme et l'autre qu'on le noye.

Que ce Piot est bon ! Bény soit qui l'envoye !
Il rend l'esprit plus net et l'estomach plus chaut :
Bois-en, mon cher Morand, je sçay ce qu'il te faut :
C'est un vin de santé qui conduit à la joye.

Laissons-là l'Antimoine, et bernons ces nigaux
Qui se nomment les Roys des Antimoniaux,
Par un tiltre aussi long que leur doctrine est brève :

18

Comme ils n'eurent jamais ny science ny nom,
Leur foiblesse fait voir, dès qu'un vent les élève,
Non un cœur de Guenaut, mais un cul de guenon.

De nos jours, on est, il faut l'avouer, beaucoup plus pudibond : on a changé en bien sous ce rapport ; mais un autre point de vue sous lequel nous sommes encore tels qu'on était au XVIIᵉ siècle, c'est celui sous lequel il nous reste à envisager notre poéte.

Carneau habitait Paris au moment de la Fronde, et, comme la majeure partie des membres du clergé, il prit parti contre Mazarin et crut devoir le chansonner. Nous ne savons si la pièce qu'il composa contre le cardinal fut imprimée, mais nous ne le pensons pas : au moins ne l'avons-nous pas trouvée parmi 3,000 et quelques Mazarinades connues jusqu'à ce jour : ce n'est cependant pas une des plus mauvaises : je la placerais même sans hésiter à côté, sinon au-dessus, du *Courrier Burlesque de la guerre de Paris*, du *Frondeur désintéressé*, de *la Juliade*, du *Siège d'Aubervilliers* et de bien d'autres des plus renommées. Jugez-en vous-mêmes par quelques strophes.

J'ai veu dedans le Louvre un coyon de Florence
Devenir grand seigneur et riche en un moment,

Qui du bout de sa verge a la mesme puissance
Que Midas eut jadis par son attouchement.

J'ay veu que cette verge en merveille ressemble
A celle que Mercure avoit entre les dieux
Car elle fait les uns et les autres ensemble
Et monter de la terre et descendre des cieux.

J'ay veu qu'elle a sa part aux chambres de justice,
Qu'elle plante le dol au conseil de nos Roys,
Qu'elle a faict d'un poltron un hault chef de milice
Et renversé d'un coup les armes et les loix.

. . . .

J'ay veu les estaffiers qui crioient par la rue
Au voleur ! au voleur ! contre des demy-dieux ;
Mais une grand'pluie d'or descendit d'une nue
Qui les feit taire tous et ne cheut pas sur eux.

. . . .

J'ay veu comme on blasmoit l'église gallicane,
Mais on n'entendoit pas sa foy et ses raisons.
Mais faut-il s'estonner si elle fait la cane,
Puisqu'on ne luy fait plus couver que des oisons.

. . . .

J'ay veu que les valets sont au Louvre en estime,
Que la France s'esmeut d'un servil attentat,
Qu'assassiner ung roy aujourd'huy n'est plus crime,
Mais que battre un vallet est un crime d'Estat.

J'ay veu comme dans Tours saint Martin pleure d'aise
Que pour son successeur on ait fait un tel choix ;
Car il croit bien qu'il est un grand homme de chaise,
Puisque son père en feit en Florence autrefois.

Quoi qu'il en soit, Carneau ne manqua pas d'envoyer des copies de son œuvre à ses amis les plus intimes, et voici une lettre fort curieuse que lui répondit à ce sujet un de ses confrères de Bordeaux.

De Bordeaux, ce 13 mars 1651.

Mon Révérend Père,

Je viens de recevoir votre lettre accompagnée de votre ode bacchique, laquelle j'avois desjà receu de mon très-cher ami incognu, et l'ai baillée à l'imprimeur pour la rendre plus communicable en ces quartiers, où nous aurions besoin de recevoir souvent des pièces si belles et gratieuses, pour chasser la barbarie que nous avons, en nous servant de cette langue qui vous est naturelle ne m'estant qu'étrangère. L'esclat de tant de belles saillies de cette ode m'ont invité de faire

quelques versicules, d'autant plus qu'elle me paroit prophé-
tique de la délivrance des Princes; ce qui est bien remarquable,
car la sortie du Mazarin hors de Paris ne sembloit pas devoir
estre la cause de la sortie de ces illustres captifs, lesquels il avoit
en son pouvoir, aussi bien que plusieurs autres forteresses de
France, et mesme la crainte, qui est la compagne inséparable de
l'amour, nous faisoit appréhender le contraire de ce qui est
arrivé heureusement. Tant y a que, ravi de vos oracles, j'ai
poétisé de cette façon :

> *Hac ode ferri sua vult oracula Bacchus*
> *Quam jubet efferri fratris ab ore sui.*
> *Præbuit at totum qui se tibi, frater, Apollo,*
> *Hanc, Carnelle, tuo, quod movet, ore canit.*

Quant au cardinal que votre style balote de si bonne
grâce, je vous dirai, et à propos de prophétie, qu'il y a environ trois ans que je lui envoié une élégie latine sur un sanglier
qu'il avoit tué à la chasse de sa propre main, en compagnie
de la Reine, comme on nous fesoit entendre. Il m'en remer-
cia éminentissimement par une response expresse escritte
par son bibliothéquaire, M. Naudé, quoique par cette pièce
je lui marquasse l'accident qui lui devoit advenir. Je n'ai pas
loisir maintenant de vous la descrire, mais ce sera par le premier courier. Cependant pour respondre à l'allusion de la
pourpre fatale de ce fourbe, je vous mettrai par avance ce
petit épigramme pour en apprendre votre sentiment.

> *Mazarine, tuæ stolæ merentur*
> *Purpurascere, sed tuo cruore.*

Jusque-là, rien de mal ; mais voici la Fronde qui

est vaincue, le Mazarin qui rentre dans Paris. Carneau
doit être consterné : point du tout, il reprend vivement
la plume, et il compose en l'honneur du ministre cette
pièce de vers, qui ne vaut pas l'autre, mais qui, elle, fut
imprimée.

*L'Imprimerie royale à Mgr l'Eminentissime cardinal
MAZARIN sur son retour.*

*Moy qui loge au palais d'un Roy, d'un demi-dieu,
Par l'establissement du puissant RICHELIEU,
 Dont j'éternise la mémoire ;
De son grand successeur je dois chanter la gloire,
Puisqu'ayant imité ses soins laborieux,
Sa vertu, qui peut tout, par la grâce est guidée
Et bastit à la Paix un Temple glorieux
 Dont le plan n'estoit qu'en idée.*

*JULES, mon protecteur, égal au grand ARMANT ;
Qui portez sur le front quelque divin aimant
 Attirant les cœurs sans contrainte,
Sans votre coup d'Estat, je ne roulois qu'en crainte.
La guerre, injurieuse à mes nobles projets,
Des plus fameux autheurs abatoit le courage ;
Apollon, n'estant roy que de pauvres sujets
 Alloit mettre sa lyre en gage.*

Vous nous avez mis bien avec ce riche ROY
De qui l'or du Pérou prend la marque et l'aloy ;
   Nous pourrons en sentir les grâces,
Et vous rendrez enfin tous nos vœux efficaces.
Après un tel succès de tout point achevé,
Par vostre esprit qui montre une force divine
On void que d'un cœur franc, et, le masque levé,
   Toute la France est Mazarine.

La guerre a couronné vostre front de laurier,
Et la nouvelle Paix d'un joyeux olivier
   Qui rend le repos à l'Europe,
Et qui fait sauter d'aise Euterpe et Calliope,
Leur espoir les nourrit et de manne et de miel
En attendant qu'un jour l'Eglise vous défère
La couronne qui fait, par le décret du ciel,
   D'un grand cardinal un Saint Père.

En voilà bien long sur un poëte aujourd'hui assez
obscur, mais en parlant des divers sujets traités par Carneau, j'ai voulu faire le portrait de tous les poëtes de
la première moitié du XVIIe siècle. Tous allient la licence
à la piété, tous sont frondeurs et Mazarins tour à tour,
tous poussent le bel esprit jusqu'aux anagrammes et
aux jeux de mots les plus torturés, tous enfin ont dû
sacrifier au goût du burlesque mis en honneur par
Scarron, et que la Fronde ne fit que développer. Carneau n'eut garde d'oublier ce dernier genre, et voici

entre autres une épître burlesque adressée par lui à
Mᵐᵉ la duchesse d'Aiguillon.

A vous, belle et prudente dame,
Que j'honore de cœur et d'âme,
Et que toujours j'honoreray
Tant que poète je seray,
Et que la fièvre de ma veine
Aura soif des eaux d'Hippocréne,
C'est-à-dire jusqu'à la mort,
Car ce mal me possède fort :
A vous, dis-je, dame parfaite,
Ma petite Muse souhaite
D'offrir quelques eschantillons
De vers qui, comme papillons,
S'iront bruler à tire-d'ailes
Au noble feu de vos prunelles,
Où, cessans d'estre vermisseaux,
Ils deviendront des phéniceaux.
J'aurois confusion très grande
Pour une si petite offrande,
Si l'honeur de vostre agrément,
Tenant lieu de commandement,
N'eust contraint mon esprit stoïque
D'ouvrir ce commerce poétique
Et de vous charger de papiers
Autant que quatre gazettiers.
Les premiers dont j'ay fait rencontre
Ne parlent du pour ny du contre

Touchant les affaires du temps
Dont plusieurs ne sont pas contens :
C'est pourquoy je vous les envoye
Sans peur qu'aucun d'eux se fourvoye,
Ou que quelque mauvaise main
Du Palais ou de Saint-Germain
En puisse tirer avantage
Pour mettre leur autheur en cage.
Je ne fus jamais de ces sots
Qui pour trois ou quatre bons mots
Et quelques parolles trop grasses
S'exposent à mille disgrâces.
Je laisse au vulguaire brutal
A deschirer le Cardinal
Et ceux et celles qu'il caresse,
Sans qu'en ce point je m'intéresse :
Ce sont des affaires de Grands
Dont nous ne sommes pas garands,
Et quoyqu'il y eust du mystère
C'est au Tiers-Estat à s'en taire.
Pour cela je veux mal de mort
Aux chansons de peu de rapport
Qu'on entonne à perte d'haleine
Devant Dame Samaritaine
Et soubs le nez du grand Henry
Qui jamais en bronze n'a ry
Ny fait l'amour aux damoiselles,
Quoyqu'en chair il aimoit les belles.
C'estoit un admirable roy,
Et je peus jurer sur ma foy

Qu'aucun de la race Bourbonne
Ne portera jamais couronne
Avec tant de bonheur que luy ;
Et fust-ce le Roy d'aujourd'huy
Qui, donné du ciel à la France,
Nous repaist de riche espérance....,
Tout beau, Muse au bec babillard,
Penses-tu jouer au billard
Et ne tinter qu'une sonnette
En frappant une cordelette ?
Loin, loin les affaires d'Estat :
On te blasmeroit d'attentat,
Et quoyque tu penses en dire
On l'imputeroit à satire.
Puis le burlesque est interdit
A gens qui portent long habit,
Et surtout l'habit monastique
N'admet rien que de canonique.

Vous connaissez maintenant notre poète aussi bien que moi ; vous pouvez en toute assurance formuler sur lui un jugement. Le nôtre n'est pas défavorable à notre auteur chartrain. Si sa *Stimmimachie* tant admirée nous paraît souvent longue et ennuyeuse, nous avouons que nous avons lu avec un vrai plaisir sa *Pièce de cabinet,* que nous rangeons hardiment parmi les meilleures productions du commencement du XVIIᵉ siècle. Comme poète satirique, Carneau, ainsi que nous l'avons vu dans sa *Mazarinade,* rencontre d'excellents traits, que ne désavouerait pas notre immortel Régnier. Dans le genre burlesque, il est aussi amusant que Scarron, si amusant il y a. Bref, suivant nous, Carneau fut, comme beaucoup d'autres, peut-être trop exalté de son vivant, mais lui du moins ne mérite pas tout à fait l'oubli profond dans lequel on l'a laissé. Sa correspondance intime nous le révèle bon et confiant ; son esprit un peu railleur l'entraîne parfois, mais on voit qu'il tâche de résister à son penchant pour la satire, et à côté du trait le plus piquant se trouve l'éloge le plus débonnaire. Il ne paraît pas avoir eu le travail très facile : ses vers, ses lettres mêmes sont surchargés de ratures. Comme nous l'avons déjà remarqué pour Pannard, il jetait souvent sur le papier des moitiés de vers ou de strophes, des rimes qui, plus tard, devaient lui servir. Nous citerons particulièrement ces vers sur Mazarin qui devaient sans doute prendre place ailleurs.

Il eut mieux fait de boire et de teindre son nez
De la couleur de sa calotte
Que de nous avoir tant bernez.

Et ces autres pour une religieuse :

Dans cette niche sainte, abeille industrieuse,
Vous formerez le miel de toutes les vertus ;
Les frelons infernaux devant vous abattus.....

Carneau est à bout de souffle ; il ne peut trouver la fin de son ingénieuse métaphore, et il remet à un autre jour à achever son sonnet. Car c'était aussi la grande mode alors le sonnet, et Dieu sait si notre poète s'évertuait pour rencontrer les rimes suffisantes. Il en était surtout une qu'il affectionnait sans doute pour sa sonorité : il a accumulé tous les mots en *tans,* dont il a pu se souvenir. Tantôt c'est *esclatans, sultans, titans, combattans,* et l'on retrouve ces quatre mots dans un sonnet en faveur des écussons des chevaliers de Jérusalem tués pour la défense de la foi, sonnet placé en tête du Martyrologe des chevaliers de Saint-Jean-de-Jérusalem par Mathieu de Goussencourt, célestin ; tantôt c'est *autans, flottants, partans, vingt ans,* et il s'en sert dans l'épitaphe de M. Lescot, lieutenant des gardes du duc d'Enghien, tué à Thionville en conduisant les Enfants Perdus, etc.

12 Août 1865.

TABLE

www.ingramcontent.com/pod-product-compliance
Lightning Source LLC
Chambersburg PA
CBHW050507270326
41927CB00009B/1940

9 7 8 2 0 1 2 7 6 3 1 4 2